101 PRINCÍPIOS ESSENCIAIS DO EMPREENDEDORISMO

Direção editorial: *Eduardo Viegas Meirelles Villela*
Coordenação editorial: *Equipe da EV Publicações*
Apoio editorial: *Ana Carolina Santin Guerra*
Revisão de língua portuguesa: *Roberta Perondini*
Diagramação e projeto gráfico de miolo: *Marcelo da Paz*
Arte completa de capa: *Marcelo da Paz*
Impressão: *Hawaii Gráfica*

Dados Internacionais de Catalogação na Publicação (CIP)
Bibliotecária Juliana Farias Motta CRB7/5880

P379c R. Peixoto Neto, Guy

101 princípios essenciais do empreendedorismo: as 4 fases para você se tornar empreendedor e ter chances muito maiores de seu negócio dar certo / Guy R. Peixoto Neto. – São Paulo(SP): EV Publicações, 2025.
336 p.; 17 cm x 24 cm .
ISBN: 978-65-87369-37-2

1.Empreendedorismo.2. Sucesso nos negócios.3. Empresários. II. Título: as 4 fases para você se tornar empreendedor e ter chances muito maiores de seu negócio dar certo

CDD 658.11

Caso queira adquirir lotes de exemplares do livro, favor entrar em contato via e-mail: eduvillela@evpublicacoes.com.br ou pelo WhatsApp: (11) 96851-1515.
Para atendimento ao cliente, utilize, por gentileza, os mesmos contatos acima.

GUY PEIXOTO NETO

EMPREENDEDOR SERIAL, CEO E INVESTIDOR

101 PRINCÍPIOS ESSENCIAIS DO EMPREENDEDORISMO

AS 4 FASES PARA VOCÊ SE TORNAR EMPREENDEDOR E TER CHANCES MUITO MAIORES DO SEU NEGÓCIO DAR CERTO

EV PUBLICAÇÕES

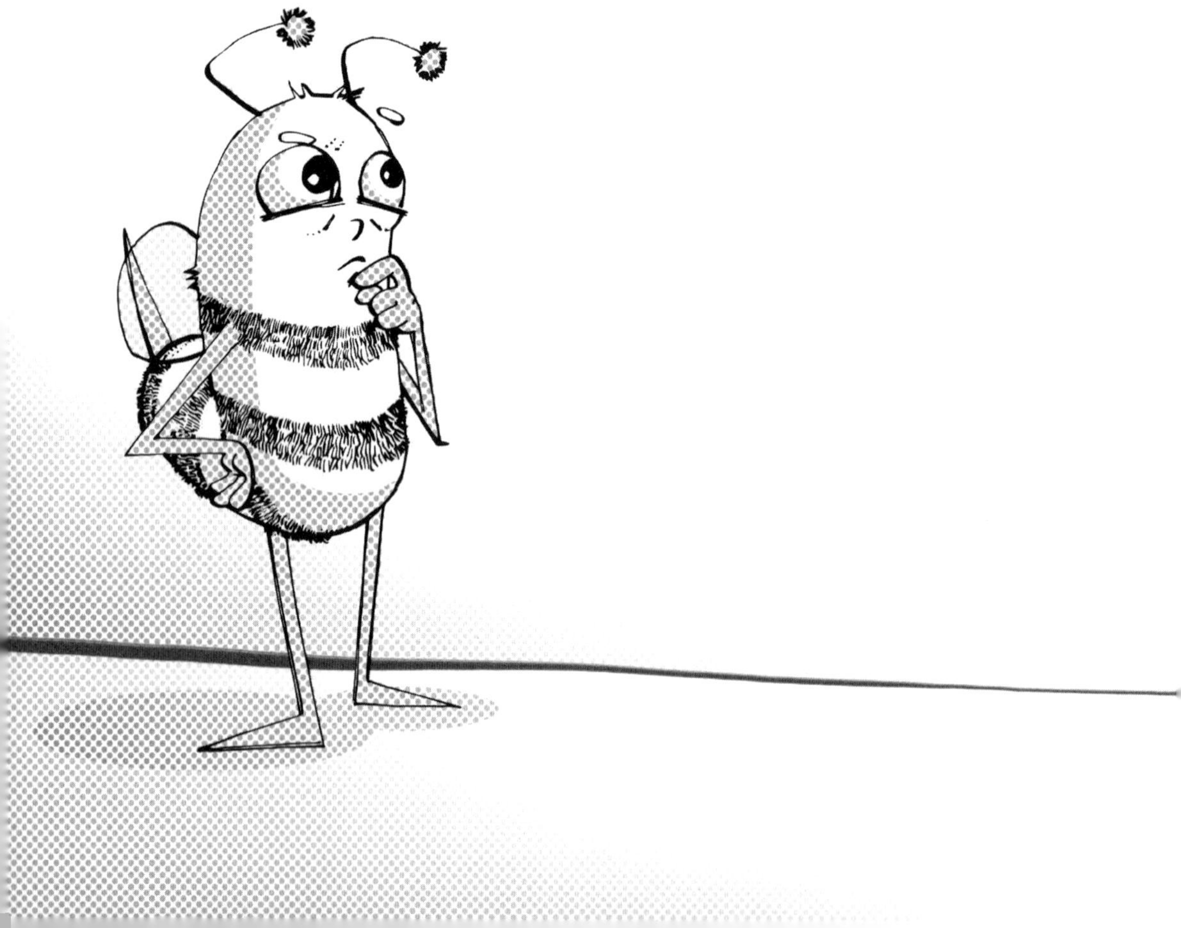

DEDICATÓRIA

Dedico este livro ao meu avô, Alfredo, ao meu pai, Guy Peixoto Júnior, e ao meu tio, Luiz Otávio, que foram meus exemplos de empreendedores. E também à minha mãe, Vânia, que me ensinou os princípios de Deus, e à minha filha Sarah, que me inspira diariamente a ser um homem melhor.

PREFÁCIO

por **André Duek***

Empreender é uma das atividades mais desafiadoras e gratificantes que alguém pode assumir. Assim, *101 Princípios Essenciais do Empreendedorismo* é uma mina de ouro para quem deseja empreender e para quem já empreende.

Foi estruturado em quatro fases que se complementam perfeitamente. A **Fase I: Quais são os princípios que guiam os primeiros passos de um empreendedor?** estabelece as bases necessárias para qualquer novo negócio. Aqui, alguns dos pontos que o autor desenvolve são a importância de transformar sonhos em realidade, enxergar o ato de empreender como um estilo de vida e uma carreira, e focar na solução dos problemas reais dos clientes. Esses princípios fundamentais formam a espinha dorsal de qualquer empreendimento de sucesso.

Na **Fase II: Quais são os princípios que ajudam o empreendedor a se conhecer melhor e que ampliam o seu potencial?** são apresentadas as diretrizes que sustentam a trajetória do empreendedor. Guy Peixoto discute a necessidade de um propósito claro, a importância da resiliência diante dos inevitáveis desafios e o quanto a aquisição de conhecimentos e troca de experiências com pessoas sábias é um diferencial poderoso. Ele nos lembra que a consistência, aliada à coragem, é vital para transpor obstáculos e alcançar grandes realizações.

A **Fase III: Quais são os princípios importantes na fase de planejamento e estruturação do negócio?** trata das fases práticas da construção de um negócio. Desde a definição de uma estratégia clara e pontos de atenção para uma boa sociedade até a importância do planejamento financeiro e da inovação, cada princípio atua como um pilar essencial para a criação de uma empresa que tenha boas chances de dar certo.

Finalmente, na **Fase IV: Quais são os princípios para aplicar no dia a dia de uma empresa que já está funcionando?** o autor conversa sobre a boa liderança, sobre rotina produtiva e atenção à melhoria contínua. A proposta dos princípios dessa fase é contribuir para que o negócio não apenas sobreviva, mas prospere em um mercado competitivo e em constante mudança.

Se quer realmente ser um empreendedor diferenciado e ter uma empresa que performe acima da média, meu conselho para você é: não apenas leia este livro do início ao fim, mas tenha-o sempre próximo para consultas frequentes.

A essência do empreendedorismo, como nos lembra Guy Peixoto Neto, está na combinação de paixão, persistência e busca constante por aprendizado. Que cada um dos 101 princípios aqui apresentados sirva como uma fonte inesgotável de inspiração e orientação, ajudando você a levar o seu negócio adiante nesse mundo complexo, incerto e volátil.

*__André Duek__ é empreendedor internacional e autor do livro *Potência Empreendedora*.

INTRODUÇÃO

Você já se perguntou quanta informação nosso cérebro é capaz de armazenar? Paul Reber, professor de psicologia na Northwestern University, sugeriu, em seus estudos, que o cérebro humano pode armazenar cerca de 2,5 petabytes (ou 1 milhão de gigabytes) de informação. Considerando que um filme em alta definição (HD) pode ocupar cerca de 1,5 a 3 GB por hora, 2,5 petabytes poderiam armazenar, aproximadamente, 833 mil horas de filmes em HD. Isso equivale a assistir filmes, sem parar, por cerca de 95 anos. Um livro de 300 páginas, com cerca de 1 MB, representaria uma fração minúscula desse volume de 2,5 petabytes. Em 2,5 petabytes você poderia armazenar aproximadamente 2,5 milhões de livros com 300 páginas. Isso destaca a capacidade extraordinariamente grande de armazenamento do cérebro humano quando comparada à quantidade de informação contida em vastas bibliotecas de livros digitais.

Mas, diante de tanta informação, quanto dela realmente faz diferença em sua vida? Qual dela o levará ter a vida que sempre sonhou? Quais irão o ajudar a construir negócios de sucesso, e serão capazes de transformar a vida da sua família, dos seus filhos e da sociedade à sua volta? Escolher o que estudar, o que aprender, e até mesmo ouvir, é um dos nossos grandes desafios. E se você soubesse exatamente o que aprender para se tornar um empreendedor de sucesso? E se existissem princípios que pudessem aumentar absurdamente suas chances de construir um negócio duradouro e que impactasse muitas gerações? Os princípios são verdades universais que, se forem aplicados e vividos de maneira correta, são capazes de ajudá-lo a atingir seus objetivos. São poucas coisas que você deve saber e que são suficientes para impulsionar a sua vida. Os princípios são como a semente das Sequoias-gigantes. Essas sementes são surpreendentemente pequenas, considerando o tamanho imenso que essas árvores podem alcançar. Uma Sequoia-gigante adulta é, aproximadamente, 363 milhões de vezes mais pesada que a semente. Assim como a Sequoia-gigante, existe uma quantidade mínima de conhecimento que pode alavancar a sua vida como empreendedor.

Os 101 princípios apresentados neste livro são uma quantidade ínfima comparada a tudo que seu cérebro já absorveu, mas podem transformar a sua vida, se bem aplicados e genuinamente vividos. A identificação deles foi feita de forma empírica, isto é, construindo empresas de sucesso e que continuam dando lucro. Alguns desses princípios só foram identificados quando cometi erros. O processo de crescimento e transformação não é fácil e, por muitas vezes, dolorido, mas foi necessário vivê-lo para que diversos princípios tenham sido encontrados.

Na minha trajetória como empreendedor, percebi que a probabilidade de êxito nos negócios era significativamente maior quando eu aderia rigorosamente a determinados princípios. Em contrapartida, a negligência ou desconsideração dessas diretrizes quase sempre resultava em falhas rápidas. É essencial reconhecer que não existem garantias absolutas de sucesso na vida. No entanto, estes princípios funcionam como orientação, uma bússola, que você pode consultar tanto em momentos de incerteza quanto quando procura formas de aprimoramento. Este livro não deve ser lido às pressas ou visto como uma simples tarefa de leitura – deve ser encarado como uma obra de referência para leitura completa e consultas frequentes. Ele é um convite à reflexão e a melhorias significativas na forma de conduzir sua empresa. É uma fonte que pode fornecer insights valiosos para superar os desafios do seu empreendimento e assegurar a longevidade do seu negócio no longo prazo.

COMO UTILIZAR ESTE LIVRO

Quando comecei a empreender, tive que descobrir sozinho o que deveria fazer para construir um negócio que desse certo. Aos poucos, fui descobrindo a importância de conviver com pessoas mais sábias do que eu. Aprendi o poder de saber ouvir e que mentores podem fazer uma diferença absurda na velocidade do seu crescimento e nos resultados que você consegue obter.

Durante minha jornada, cometi muitos erros antes de começar a acertar. Isso me custou tempo, dinheiro e energia. Mas, aos poucos, fui percebendo que existiam princípios que, se fossem bem compreendidos e seguidos corretamente, eu conseguiria aumentar exponencialmente as chances de construir um negócio que desse certo. E foi descobrindo-os e seguindo-os que consegui construir mais de 11 negócios, que ao todo vendem mais de 250 milhões de reais. Alguns deles já vendi, outros continuam crescendo, e ainda existem aqueles que estão nascendo.

Este livro é um guia para ampliar suas chances de sucesso e prepará-lo para alcançar seus objetivos. Ele está dividido em quatro partes, representando as fases pelas quais você deve passar para se tornar um empreendedor: Fundamentos, Direção, Caminho e Ponto de Partida. A lógica é bem simples: para empreender, você precisa ter conhecimentos básicos, saber para onde ir, qual caminho seguir e o que fazer enquanto toca seu negócio.

Cada uma dessas fases apresenta princípios específicos que o preparam para a etapa seguinte. Na minha vida, sempre que pulei etapas, não consegui construir negócios duradouros. Eu não acredito em atalhos para o sucesso, mas acredito que o conhecimento testado pode encurtar o caminho até onde você quer chegar. E esse é o papel de cada um destes princípios.

Ao todo, serão apresentados 101 princípios que considero essenciais para a construção de um negócio sólido e duradouro. Além disso, ao final de cada princípio, você encontrará cinco perguntas que o farão refletir sobre como implementar estes conceitos em sua vida para tornar-se um empreendedor de sucesso, com negócios financeiramente saudáveis e capazes de transformar a vida de diversas pessoas. Eu já li livros com perguntas ao final do capítulo, mas, por muitas vezes, eu pulava a página. Recomendo que você não passe para o próximo princípio sem refletir sobre cada pergunta. A reflexão e a autoavaliação farão você internalizar cada princípio e inserir novos hábitos em sua vida. Não é possível haver uma transformação real sem reflexão.

Mais uma dica: para alcançar a real transformação e provocar mudanças significativas em sua vida, você deverá estar genuinamente disposto a ler este livro. Se você busca por apenas aumentar superficialmente seu conhecimento, talvez não consiga absorver todo o potencial transformador que este livro oferece. Porém, se você estiver profundamente interessado em crescer, antes de terminar o livro você já terá uma nova mentalidade e estará mais perto de atingir seus objetivos.

Por fim, recomendo que, ao refletir sobre cada pergunta, você escolha fazer algo diferente. Pode ser uma nova decisão a ser tomada ou uma atividade a ser feita, aquela que você considera a mais importante no momento pelo qual está passando e que o ajudará a viver o princípio. Eu acredito muito que, para atingir grandes resultados, é melhor fazer uma única coisa bem-feita do que várias malfeitas. Com o tempo, novos desafios irão surgir na sua vida de empreendedor. Então, lembre-se de que você poderá ler este livro quantas vezes desejar e, para cada nova leitura, uma nova ação poderá ser colocada em prática. Daqui em diante, você tem uma poderosa ferramenta para ajudá-lo a evoluir sua capacidade empreendedora.

SUMÁRIO

FASE I – FUNDAMENTOS

QUAIS SÃO OS PRINCÍPIOS QUE GUIAM OS PRIMEIROS PASSOS DE UM EMPREENDEDOR?

Empreender é uma atividade complexa que apresenta, ao mesmo tempo, riscos e oportunidades. Quanto mais o empreendedor conhecer suas particularidades, mais preparado e seguro estará para encarar os desafios de montar uma empresa e vê-la crescer. Afinal, há elementos que são inerentes a todos os tipos de negócio e aos mais diferentes estágios de um empreendimento.

Por isso, acredito que o primeiro passo para quem deseja mergulhar para valer na criação e no desenvolvimento de empresas próprias, é identificar as características e as dinâmicas particulares deste tipo de desafio. O empreendedorismo é totalmente diferente de qualquer outro tipo de atividade profissional. Ele não é melhor nem pior, é apenas diferente. Muito diferente! E, como consequência, requer competências, disposições, esforços e mentalidades específicas daqueles que se desafiam por seus caminhos.

Tenho a certeza de que conhecer previamente os princípios que regem a essência da atividade empreendedora, ajudará o empreendedor, seja ele potencial, novo, maduro ou veterano, a encarar a longa e pedregosa jornada em direção ao sucesso. Desconhecer esses fundamentos, por outro lado, é trabalhar no escuro ou arriscar-se a caminhar com os olhos vendados. Não cometa esse erro, por favor! Saiba, nesta primeira fase de *101 Princípios Essenciais do Empreendedorismo,* exatamente o que a atividade que você está querendo iniciar, exigirá de você.

Conheça, a seguir, os 10 princípios que guiam os primeiros passos de um empreendedor e, nos próximos capítulos, os detalhes de cada um desses fundamentos empresariais.

PRINCÍPIO 1: Empreender é realizar sonhos e ajudar pessoas.

PRINCÍPIO 2: Empreender é um estilo de vida.

PRINCÍPIO 3: Empreender é permanecer em zonas de desconforto.

PRINCÍPIO 4: Empreender é resolver os problemas dos clientes.

PRINCÍPIO 5: Empreender é tentar, errar e aprender.

PRINCÍPIO 6: Empreender é torna-se um profissional mais completo.

PRINCÍPIO 7: Empreender é correr riscos.

PRINCÍPIO 8: Empreender é pensar a longo prazo.

PRINCÍPIO 9: Empreender é propagar valores.

PRINCÍPIO 10: Empreender é estar preparado para as oscilações do mercado.

PRINCÍPIO 1:
EMPREENDER É REALIZAR SONHOS E AJUDAR PESSOAS

Veja seu negócio como um caminho para você concretizar seus sonhos, colocar em prática suas ideias e melhorar a vida das pessoas.

Muitos empreendedores montam negócios porque anteveem oportunidades lucrativas no mercado. E há quem crie empresas para realizar sonhos, sejam deles próprios ou de outros. Por mais que ele possa abrir um negócio exclusivamente para ganhar dinheiro, é inegável que exista um grande sonho por trás da decisão de empreender.

Você já parou para pensar como funciona a mente dos empreendedores que tanto admira? Certamente, eles utilizam as experiências pessoais, familiares e profissionais para construir negócios em que acreditam e dos quais se orgulham. Querendo provar que são donos das próprias histórias e que são capazes de tirar ideias inspiradoras do papel. Eles enfrentam as dificuldades inerentes ao negócio, porque estão dispostos a contribuir com a sociedade ao oferecerem produtos e serviços melhores. Nesses casos, a motivação está nos sonhos e nos ideais de cada um deles.

É a inspiração que estimula o empreendedor a não desistir, quando as primeiras adversidades surgem, ou quando tudo parece conspirar contra o negócio dele. Se o empreendedor não trabalhar fortemente abraçado com as próprias convicções e com os sonhos mais íntimos, provavelmente ele sequer montará a empresa. É o anseio por construir algo de valor e por ver as ideias dele colocadas em prática, que o fazem acordar todos os dias e atuar nas resoluções dos problemas cotidianos.

A empresa também tem a capacidade de contribuir para o bem-estar e para a melhoria de vida de várias pessoas. Ao redor de um empreendimento, orbita uma série de indivíduos: colaboradores diretos e indiretos, fornecedores, parceiros comerciais, revendedores, vizinhos do estabelecimento, agentes governamentais, sócios, investidores etc. Normalmente, muita gente é impactada. Enxergar e contemplar todos os envolvidos é função do empreendedor que tem que ter uma visão integral e colaborativa do negócio desde o princípio. Até porque, é impossível, a médio e longo prazo, beneficiar alguns agentes do ecossistema empresarial em detrimento de outros. Uma hora a "conta não fecha", e o negócio poderá desmoronar. Por isso, pense em como conquistar o coração, a simpatia e o empenho de todos.

O seu negócio contempla o sucesso de colaboradores, fornecedores, revendedores, sócios, parceiros, clientes, investidores e governo? Se ele estiver ancorado apenas no êxito particular do empreendedor e em mais uma ou outra figura, dificilmente você conseguirá verdadeiros clientes para construir uma história próspera.

VISÃO E SONHOS PESSOAIS: iniciei meu negócio para realizar meus próprios sonhos e colocar minhas ideias em prática ou estou fazendo isso para satisfazer o sonho de outra pessoa?

CONTRIBUIÇÃO PARA A SOCIEDADE: meu empreendimento visa melhorar a vida das pessoas e contribuir com a sociedade de maneira significativa, além de gerar lucro?

RESILIÊNCIA FRENTE ÀS ADVERSIDADES: mantenho-me firme e motivado por meus sonhos, mesmo quando enfrento dificuldades e desafios no mercado?

VISÃO INTEGRAL E COLABORATIVA: considero e valorizo todos os envolvidos no meu negócio, promovendo uma visão colaborativa, que busca o bem-estar e sucesso de todos?

IMPACTO E LEGADO: acredito que estou construindo um legado inspirador, capaz de conquistar o coração e impactar a vida de todos os envolvidos?

PRINCÍPIO 2: EMPREENDER É UM ESTILO DE VIDA

Montar uma empresa do zero, dedicar-se ao seu crescimento e investir tempo e recursos para seu progresso, exigem que você se dedique mais de 100%.

Não é errado pensar o empreendedorismo como um estilo de vida. Afinal, quem se compromete a criar um negócio próprio, acaba respirando o tempo inteiro o ar do mundo empresarial e vive quase que integralmente para a sua empresa. Aqui, o trabalho deixa de ser apenas uma das facetas da vida e passa a monopolizar as atenções, o tempo e as motivações da pessoa. Empreender é colocar o trabalho no centro da rotina e no alto do pódio das prioridades.

Ou você acha que o verdadeiro empreendedor tira férias, tem folgas e consegue se desligar do trabalho? Não! O tempo inteiro, mesmo quando momentaneamente longe do escritório ou da rotina da companhia, o empreendedor está pensando em maneiras de fazer seu negócio crescer e prosperar. Tudo o que ele olha, escuta, sente e pensa está relacionado intimamente ao trabalho, ao atendimento aos clientes e à oferta de melhores produtos e serviços.

Até mesmo as dinâmicas sociais passam a girar em torno da empresa. Amigos, eventos de lazer, passeios fortuitos, entretenimentos culturais, encontros familiares, hábitos de leitura e gostos pessoais são moldados, querendo ou não, a partir das vivências profissionais do empreendedor. Fazer o negócio próprio prosperar, influenciará todas as decisões da vida do empreendedor e demandará toda a energia, esforço, concentração, competência e dedicação dele.

Sabendo disso, você está pronto para assumir o estilo de vida de um verdadeiro empreendedor? Quando menos esperar, seu negócio próprio já terá moldado toda a sua rotina e seus hábitos.

DEDICAÇÃO TOTAL: estou disposto a me dedicar além do limite, investindo tempo e recursos em meu negócio para que ele cresça, entendendo que esse é o fator essencial para obter lucro?

EMPREENDEDORISMO COMO ESTILO DE VIDA: encaro o empreendedorismo não apenas como um trabalho, mas como um estilo de vida que define quem sou, influenciando todas as minhas ações e decisões?

COMPROMETIMENTO CONTÍNUO: reconheço que, ao empreender, terei que pensar constantemente em maneiras de fazer meu negócio crescer e prosperar, mesmo nas horas de descanso?

INFLUÊNCIA NAS DINÂMICAS SOCIAIS: aceito que minhas relações sociais, lazer e interesses pessoais serão, de alguma forma, escolhidas para eu me tornar um empreendedor melhor?

PRONTIDÃO PARA O ESTILO DE VIDA EMPREENDEDOR: estou pronto para assumir o estilo de vida de um legítimo empreendedor, sabendo que isso vai requerer toda minha energia, esforço e dedicação, e moldará minha rotina e hábitos?

PRINCÍPIO 3: EMPREENDER É PERMANECER EM ZONAS DE DESCONFORTO

Cada fase da empresa requer preocupações, dedicações e esforços diferentes, o que obriga o empreendedor a sempre estar em uma zona de desconforto.

Uma característica marcante do empreendedorismo é colocar os empreendedores sempre em situações delicadas, que exigem competência, maturidade, profissionalismo e ética. Ter um negócio próprio é superar incontáveis desafios todos os dias. À medida que a empresa cresce e se desenvolve, os problemas mudam de categoria e de intensidade. Por isso, não há zonas de conforto quando se está empreendendo. Se você conseguiu resolver com êxito as questões de hoje, saiba que amanhã você terá que encontrar respostas para novas questões.

Não por acaso, empreender é uma atividade profissional tão desafiante e, por que não, estressante. Os empreendedores precisam superar-se o tempo inteiro e encontrar alternativas para os desafios que aparecem sucessivamente em suas rotinas. Definitivamente, não dá para trabalhar no piloto automático, nem delegar temas estratégicos de qualquer jeito ou postergar decisões importantes quando está no comando do próprio negócio.

Assim, o empreendedor possui um senso de responsabilidade e de urgência muito maior do que se estivesse trabalhando como mero colaborador. Ele sabe que, se não tomar as rédeas do negócio e não se envolver pessoalmente em cada um dos problemas diários, ninguém o fará. Leva tempo para preparar uma equipe para cuidar do negócio como se fosse dela. Até lá, a empresa só conseguirá prosperar com você olhando.

Ao empreender, o profissional aprende a conviver com muitas dúvidas e incontáveis receios. Os sofrimentos, as dores, os medos e as preocupações fazem parte da dinâmica de ter uma empresa própria. Não existem tipos de negócio ou estágios do empreendimento que não tragam aflições para o proprietário. O que muda é o tipo de dor de cabeça.

Empreender é viver perigosamente. E haja emoção! Você está preparado para jamais trabalhar em zonas de conforto, e ser desafiado diariamente? Se você tiver um negócio próprio, essa será sua nova rotina daqui para frente. Seja bem-vindo à maravilhosa, exigente e imprevisível vida do empreendedorismo!

SUPERAÇÃO DE DESAFIOS: estou preparado para diariamente superar incontáveis desafios, sabendo que os problemas aumentam de nível e intensidade, conforme meu negócio cresce?

ADAPTAÇÃO CONSTANTE: aceito que não existem zonas de conforto no empreendedorismo, e estou disposto a sair da minha zona de conforto para resolver novas questões que surgem a cada dia?

SENSO DE RESPONSABILIDADE E URGÊNCIA: tenho um senso de responsabilidade e urgência elevado, compreendendo que não posso trabalhar no piloto automático, e que decisões estratégicas dependem da minha intervenção direta?

CONVIVÊNCIA COM INCERTEZAS: estou pronto para conviver com dúvidas e receios, entendendo que os sofrimentos, dores, medos e preocupações fazem parte da dinâmica de ter um negócio próprio?

VIDA EMPREENDEDORA EXIGENTE E IMPREVISÍVEL: estou preparado para viver sob constante risco, sem zonas de conforto, e ser desafiado diariamente, abraçando a exigente e imprevisível vida do empreendedorismo?

PRINCÍPIO 4: EMPREENDER É RESOLVER OS PROBLEMAS DOS CLIENTES

Quando se monta um negócio, o principal objetivo do empreendedor é oferecer produtos e/ou serviços que atendam às necessidades dos seus clientes.

Busque sempre atender às necessidades e aos desejos dos clientes. Esse pode até parecer um princípio dos mais elementares no mundo empresarial, mas, no dia a dia, muitos empreendedores esquecem-se de olhar além do próprio umbigo e não sabem mais diferenciar o que quer fazer, versus o que o mercado consumidor deseja. Por mais paradoxal que pareça, na hora de montar um negócio, muitos acabam priorizando as próprias ideias e não se atentam às "dores" dos clientes.

Só tenha uma empresa, se ela estiver voltada realmente para a resolução dos problemas do seu público. Por isso, a primeira pergunta que um empreendedor precisa se fazer é: "Qual a "dor de cabeça" dos clientes estou resolvendo ou irei resolver com meu empreendimento?" A resposta para essa pergunta é um ótimo indicativo do potencial do negócio.

Identificadas as "pedras nos sapatos" que as pessoas e as empresas têm, o empreendedor precisa moldar seu negócio para livrar-se delas. A preocupação com a resolução dos problemas dos clientes deve moldar todos os detalhes da empresa: o tipo de colaborador a ser contratado; os produtos e serviços ofertados; o horário de funcionamento; os processos a serem implementados etc. Nenhum aspecto organizacional pode fugir dessa máxima do empreendedorismo.

E aí, seu negócio está realmente voltado para o atendimento às necessidades e aos desejos dos seus consumidores? Pense seriamente nisso!

IDENTIFICAÇÃO DAS NECESSIDADES DO CLIENTE: eu realmente entendo quais são as "dores" e necessidades dos meus clientes, que meu negócio se propõe a resolver?

ALINHAMENTO DO PRODUTO/SERVIÇO COM O MERCADO: meus produtos ou serviços foram desenvolvidos com o foco em atender às demandas específicas, e resolver os problemas dos meus clientes?

FEEDBACK E ADAPTAÇÃO: estou constantemente buscando *feedback* dos meus clientes para adaptar e melhorar meus produtos ou serviços, conforme as necessidades e os desejos deles evoluem?

FOCO ORGANIZACIONAL NO CLIENTE: todos os aspectos do meu negócio, desde a contratação de colaboradores até os processos operacionais, estão alinhados com o objetivo de resolver as "dores" dos clientes?

PRIORIZAÇÃO DO CLIENTE SOBRE IDEIAS PESSOAIS: estou priorizando as necessidades dos meus clientes às minhas próprias ideias, e tomo decisões estratégicas baseado nesse entendimento?

PRINCÍPIO 5: EMPREENDER É TENTAR, ERRAR E APRENDER

É necessário ter coragem e energia para fazer e refazer incontáveis vezes os produtos e os serviços até que as pessoas queiram comprá-los.

O empreendedor planeja o negócio. Uma vez adquirido o capital para o investimento, ele coloca a ideia em prática. E pronto: dá certo. A nova empresa é um sucesso! Apesar de todos os empreendedores ansiarem por uma narrativa como esta, infelizmente as coisas não acontecem nessa ordem e com tanta rapidez. O mais comum é eles patinarem muito até conseguirem alcançar o sucesso que tanto almejam.

A dinâmica do empreendedorismo, que poucas pessoas abordam, é feita normalmente por meio do método da tentativa e erro. Por mais que se planeje um negócio (e eu sou um forte defensor do planejamento), é a prática que vai validar as decisões tomadas e as escolhas feitas por ele. E, invariavelmente, novas rotas precisarão ser traçadas e novos tipos de relação com o mercado consumidor serão estabelecidos.

Ao compreender que uma empresa de sucesso se faz pelo teste constante, o empreendedor sai na frente daquele que acha que já tem a receita pronta para o êxito empresarial. Quando compreende a dinâmica da tentativa e erro logo no começo, o empreendedor não se frustra tanto com as respostas negativas dadas pelo mercado. Se pensar bem, não existem respostas positivas ou negativas. O que existem são respostas. E quanto mais *feedbacks* ele recebe dos clientes, colaboradores, parceiros comerciais, fornecedores e investidores, mais fácil é o caminho em busca da excelência e de uma posição excelente no mercado.

Você está pronto para encarar os desafios do método da tentativa e erro? Você está disposto a errar e, mesmo assim, continuar seguindo em frente? Essa dinâmica faz parte do mundo empresarial e você vai utilizá-la, querendo ou não.

ACEITAÇÃO DO MÉTODO TENTATIVA E ERRO: estou preparado para aceitar que o sucesso do meu negócio dependerá do método da tentativa e erro e que os planos podem precisar de ajustes conforme novas informações forem sendo obtidas?

FLEXIBILIDADE E ADAPTAÇÃO: possuo a flexibilidade necessária para adaptar minha estratégia de negócios, quando as situações não saem como planejado, reconhecendo a importância de estar aberto a mudanças?

RECEPTIVIDADE AO FEEDBACK: estou aberto a receber *feedback* de clientes, colaboradores, parceiros comerciais, fornecedores e investidores, utilizando essas informações para aprimorar continuamente meu negócio?

RESILIÊNCIA FRENTE AO FRACASSO: tenho a resiliência necessária para enfrentar respostas negativas do mercado sem me desmotivar, entendendo que cada erro é uma oportunidade para aprendizado e crescimento?

COMPROMISSO COM A EXCELÊNCIA E MELHORIA CONTÍNUA: estou comprometido com a busca pela excelência e disposto a investir no aprimoramento constante do meu negócio, mesmo sabendo que o caminho incluirá desafios e ajustes frequentes?

PRINCÍPIO 6:
EMPREENDER É TORNA-SE UM PROFISSIONAL MAIS COMPLETO

Quando está no comando do negócio, o empreendedor precisa entender de diversos assuntos para conduzir sua empresa, inclusive saber de temas que nunca viu.

Quando uma pessoa assume o papel de empreendedor, ela deixa a condição de especialista em uma área e torna-se responsável pela operação de todas as partes do negócio. Essa é uma das mudanças mais significativas que a pessoa sente ao comandar a própria empresa. Do dia para a noite, precisa conhecer e trabalhar com uma série de assuntos que até então passavam despercebidos na rotina dela.

Uma vez generalista, o empreendedor precisa conhecer uma infinidade de assuntos do mundo dos negócios: finanças, marketing, inovação, contratação da equipe, política de formação de preço, qualidade dos produtos e serviços, publicidade, desenvolvimento dos produtos, negociação com os fornecedores, atendimento aos clientes, treinamento de colaboradores, pesquisa de satisfação... Se pensarmos bem, é muita coisa, principalmente quem tem pouca experiência prática no empreendedorismo.

As questões que se abrem são: o empreendedor estará disposto a embarcar no desafio de aprender uma quantidade absurda de novos conceitos e temas do universo empresarial? Ele dar-se-á a oportunidade de se desenvolver em cada uma das novas frentes? E, o que às vezes é mais crítico, o negócio permitirá a curva de aprendizado de seu líder?

As respostas para tais dúvidas não são fáceis. De qualquer maneira, o empreendedor precisa estar ciente do desafio sobre-humano que é administrar e liderar o negócio próprio. Há incontáveis temas que ele precisa se habituar e dominar, por mais que se contrate pessoas para cada uma das áreas da empresa

E você, está preparado para encarar tantas áreas novas que exigirão, ao máximo, suas habilidades e conhecimentos?

DISPOSIÇÃO PARA APRENDER: estou disposto a embarcar no desafio de aprender uma vasta gama de novos conceitos e temas do universo empresarial, ampliando meu conhecimento além da minha área de especialização?

DESENVOLVIMENTO MULTIDISCIPLINAR: estou aberto a me desenvolver em cada uma das novas áreas exigidas pelo empreendedorismo, como finanças, marketing, inovação, gestão de equipe, entre outras?

ADAPTAÇÃO À LIDERANÇA INTEGRAL: compreendo que, ao liderar meu negócio, terei que me adaptar rapidamente e gerenciar múltiplas áreas da empresa, mesmo sem ter experiência prévia em todas elas?

GESTÃO DA CURVA DE APRENDIZADO: reconheço a importância de gerenciar minha curva de aprendizado como líder, ao mesmo tempo em que lido com assuntos que não conheço completamente?

RESILIÊNCIA E PERSISTÊNCIA: estou preparado para enfrentar e superar os desafios que surgirão, ao assumir responsabilidades em tantas áreas novas, mantendo a resiliência e persistência necessárias para alcançar o sucesso?

PRINCÍPIO 7: EMPREENDER É CORRER RISCOS

Independentemente do tipo e do estágio do negócio, o empreendedor assume riscos que vão além do capital investido na empresa.

Quando se monta um negócio, o empreendedor está assumindo riscos. Empreender é andar no fio da navalha o tempo inteiro. Engana-se quem acha que a insegurança do empreendedorismo é maior nas fases iniciais da empresa, ou está relacionada, exclusivamente, ao montante financeiro investido. Não! Os riscos são variados e estão atrelados a todas as fases do negócio.

O empreendedor não investe apenas dinheiro na empresa. Ele coloca ali o tempo dele, os esforços, os sonhos, a inteligência, a experiência e as preocupações. Muitas vezes, o empreendimento é fruto de uma série de decisões que o empreendedor tomou ao longo da vida e que culminaram na constituição daquele negócio. Note que o aspecto monetário é apenas um dos elementos envolvidos. E, uma vez que ele opera em um ambiente de altíssimo risco, o nível de estresse e a possibilidade de frustrações (no caso de a empresa não dar certo) também são elevados.

Aí alguém pode questionar: "Os riscos de um negócio são maiores no início; uma vez que a empresa sobreviveu aos primeiros anos, a tendência é diminuir ao longo do tempo". Fato é que, ao acumular mais conhecimento sobre o negócio, a tendência é que os riscos diminuam. No entanto, cada negócio possui particularidades próprias e passa por diferentes fases. Em todos os estágios do negócio há grandes riscos. Cabe, então, ao empreendedor conduzir cada momento do negócio com cuidado, e estar atento às consequências de cada uma das próprias decisões.

Pouca gente sabe, mas muitas empresas quebram justamente no momento de crescimento. A elevação das receitas, o aumento do número de clientes, a multiplicação dos pedidos e a necessidade de mais colaboradores e estrutura representam um dos períodos mais delicados para o empreendedor. Se a migração de patamar da empresa não for bem realizada, ela pode simplesmente quebrar.

Seja sincero: você está preparado para conviver com riscos e mais riscos o tempo inteiro? Pense nisso antes de empreender. Mas, se sua resposta for sim, saiba que você vai experimentar uma jornada que vale a pena.

CONSCIÊNCIA DOS RISCOS: estou plenamente consciente de que os riscos envolvidos ao empreender vão além do investimento financeiro e incluem o meu tempo, esforços, sonhos e liberdade?

RESILIÊNCIA AO ESTRESSE: tenho a resiliência necessária para lidar com o alto nível de estresse e as possíveis frustrações que podem surgir, caso o negócio não prospere como esperado?

ADAPTAÇÃO ÀS FASES DO NEGÓCIO: compreendo que os riscos são variados e persistem em todas as fases do negócio e estou preparado para adaptar e gerenciar esses riscos conforme o negócio evolui?

GERENCIAMENTO DO CRESCIMENTO: estou ciente de que o crescimento do negócio pode representar um período delicado e possuo a capacidade de gerenciar a expansão de forma cuidadosa para evitar o fracasso?

PREPARAÇÃO PARA RISCOS CONSTANTES: estou preparado para conviver com riscos constantes, e, ainda assim, prosseguir com o empreendimento, sabendo que a jornada empreendedora, apesar dos desafios, pode ser extremamente gratificante?

PRINCÍPIO 8: EMPREENDER É PENSAR A LONGO PRAZO

As empresas mais bem-sucedidas são aquelas que crescem de maneira perene e paulatina, e não as que tentam promover saltos grandes a curto prazo.

O sonho de todo empreendedor é crescer. E de preferência rápido. Muito rápido! Alguns acreditam que, aberta uma empresa hoje, amanhã ela já estará cheia de clientes. Se isso acontecer, no dia seguinte será preciso investir mais, porque a oferta de produtos e serviços já terá se tornado limitada. Se esse cenário ocorrer e o empreendedor não estiver preparado, o que era para ser uma boa notícia, pode ser uma catástrofe. Não é comum um negócio já começar com tudo dando certo, até porque, se o empreendedor for esperar ter um plano perfeito, dificilmente vai empreender.

O mais comum é um negócio crescer devagar. Pouco a pouco, ele vai se estruturando, expandindo a operação e conquistando mercado. Curiosamente, muitos empreendedores veem, com maus olhos, essa evolução gradual. Na ânsia de se tornarem grandes, pensam em colocar o pé no acelerador. Se esse for o seu caso, é importante você saber que andar em alta velocidade leva à exaustão muito rapidamente. A maioria das empresas bem-sucedidas e mais duradouras preferiram crescer de forma sustentável, aos poucos, ao invés de dar um grande salto de uma vez.

Ou seja, o ideal é crescer em um ritmo adequado. Assim, dá para parar, pegar novo fôlego, aprender com os erros, reorganizar a casa e se preparar para a nova onda de crescimento que virá. O importante é seguir a caminhada empreendedora sem atropelos, sem exageros e sem ações megalomaníacas. Para tal, valorize menos a velocidade imposta no trajeto de subida e dê mais valor à consistência dos passos da escalada.

Jim Collins, um dos principais pesquisadores e escritores norte-americanos de gestão empresarial, defende que as empresas que se tornaram líderes de mercado são aquelas que preferiram crescer devagar e com regularidade, e não as que promoveram grandes saltos de expansão em poucos momentos. Afinal, andar em alta velocidade costuma levar à exaustão (o que não acontece com quem promove o crescimento mais lento e constante). O sucesso é o prêmio dado para as companhias que tem consistência. Elas trabalham durante um longo período com pequenos saltos de expansão. Quem cresce com ritmo regular consegue parar, pegar fôlego, aprender com os erros, reorganizar a casa e continuar em frente com segurança.

Você está preparado para o crescimento bem-estruturado, orgânico, saudável e mais lento, ou ainda está desejando o crescimento febril, passional, pouco natural e caótico? Tome cuidado com o que você espera! Para o bem do seu empreendimento, talvez o melhor seja você rever suas aspirações de crescimento rápido.

EXPECTATIVAS DE CRESCIMENTO: estou alinhado com a expectativa de um crescimento orgânico e gradual para o meu negócio, entendendo que um sucesso imediato e acelerado pode não ser sustentável a longo prazo?

PREPARAÇÃO PARA O CRESCIMENTO: estou preparado para gerenciar o crescimento de maneira estruturada, garantindo que a infraestrutura, operações e equipe do meu negócio possam se expandir de forma saudável?

VALORIZAÇÃO DA CONSISTÊNCIA: dou mais valor à regularidade e à solidez dos passos do meu negócio do que à velocidade de crescimento, reconhecendo a importância de aprender com os erros e reorganizar a casa, quando necessário?

PERSPECTIVA DE LONGO PRAZO: compreendo que o sucesso duradouro é o resultado de esforços consistentes e de pequenos avanços ao longo do tempo, em vez de buscar saltos de crescimento abrupto e pouco sustentáveis?

ASPIRAÇÕES DE CRESCIMENTO: estou disposto a revisar minhas aspirações de crescimento rápido para focar em um desenvolvimento bem-estruturado e orgânico, que trará segurança e sustentabilidade ao meu negócio a longo prazo?

PRINCÍPIO 9: EMPREENDER É PROPAGAR VALORES

Quando operam de acordo com crenças, posturas e mentalidades inspiradoras, os empreendedores influenciam positivamente as pessoas ao seu redor.

Tradicionalmente, um negócio é o espelho dos valores do empreendedor. Querendo, ou não, as empresas e as equipes de colaboradores acabam absorvendo as crenças, as posturas e as mentalidades dos fundadores. O processo de transmissão cultural aqui é parecidíssimo com o que os pais passam aos filhos. Quando se tem crianças em casa, elas tendem a copiar o que os adultos fazem. Aí não adianta falar para fazer isso ou aquilo. O exemplo não está na fala, mas em nossas atitudes. As crianças farão aquilo que veem os pais fazerem e não aquilo que ouvem eles falarem para fazer.

Ao compreender, que a mesma dinâmica se aplica aos negócios, o empreendedor precisa estar atento aos valores que possui e que vai transmitir intencionalmente a colaboradores, clientes, fornecedores, parceiros e sócios. Em outras palavras, é importante o empreendedor ter valores virtuosos que contagiem positivamente todos aqueles que estiverem envolvidos com sua empresa. É esse conjunto de práticas morais que servirá, no final das contas, como pilar de sustentação para você, sua equipe e seu empreendimento, no relacionamento cotidiano com o mercado.

Além disso, nas situações mais difíceis pelas quais sua empresa passar, seja na queda de volume, na perda de clientes ou nos impactos pelas flutuações da economia, você terá que tomar decisões delicadas, duras e algumas vezes até impopulares. No entanto, se tudo que você fizer estiver pautado em suas crenças e valores, por mais que a curto prazo uma decisão sua pareça injusta, a longo prazo todos verão o líder autêntico e admirável que você é. Nas situações complicadas, lembre-se de consultar seus valores.

Valores não são negociáveis e são interdependentes. Eles devem sempre conviver harmoniosamente e jamais podem ser desrespeitados. Do contrário, as relações pessoais e profissionais são enfraquecidas ou mesmo interrompidas. Para que empresas e empreendedores cresçam de maneira consistente e duradoura, as crenças, posturas e mentalidades devem ser positivas e colocadas em prática diariamente.

Acredite na força e na relevância dos valores! É com eles que seu negócio caminhará.

REFLEXÃO SOBRE VALORES: estou consciente dos valores que possuo e que os estou transmitindo intencionalmente à minha equipe, clientes, fornecedores, parceiros e sócios, reconhecendo o impacto desses valores na cultura da minha empresa?

EXEMPLO POR MEIO DE AÇÕES: entendo que ações falam mais do que palavras e que meu comportamento, que, por sua vez reflete os valores fundamentais do meu negócio, serve de exemplo para minha equipe?

DECISÕES BASEADAS EM VALORES: nas situações difíceis, estou comprometido a tomar decisões que estejam alinhadas com meus valores, mesmo que sejam duras ou impopulares, sabendo que isso reforçará minha autenticidade e liderança a longo prazo?

CONSISTÊNCIA E INTEGRIDADE DOS VALORES: reconheço que meus valores são interdependentes e inegociáveis e que devo mantê-los consistentes e íntegros para fortalecer as relações pessoais e profissionais dentro da empresa?

PRÁTICA DIÁRIA DE VALORES POSITIVOS: estou comprometido a colocar em prática diariamente valores positivos e virtuosos, entendendo que são eles que sustentarão o crescimento consistente e duradouro do meu empreendimento?

PRINCÍPIO 10: EMPREENDER É ESTAR PREPARADO PARA AS OSCILAÇÕES DO MERCADO

Ao entender que a dinâmica do mundo dos negócios é feita de altos e baixos, o empreendedor não se assusta com as mudanças.

Assim como qualquer aspecto da vida humana, o mundo dos negócios é constituído por altos e baixos. Há momentos de expansão de mercado, quando os empreendedores estão muito empolgados e os consumidores estão ávidos por comprar. E há períodos de contração de mercado, quando o pessimismo é geral e o interesse de compra dos consumidores declina sensivelmente. Essa dinâmica é natural do capitalismo. Não dá para fugir dela.

Alguém pode até me questionar que o que falei no parágrafo anterior é um tanto óbvio. Sei disso! Porém, se minhas palavras são tão óbvias assim, por que tantos empreendedores se esquecem disso no dia a dia? Um dos erros mais comuns ao se empreender é não se estar preparado para a chegada das crises do mercado ou não se antecipar à retomada do crescimento.

O empreendedor não pode ser míope na leitura dos acontecimentos macroeconômicos e na compreensão das tendências setoriais. A empresa está inserida em um contexto maior, e esse contexto afeta diretamente a saúde financeira e o crescimento do negócio. Como consequência, deve-se respeitar os ciclos do mercado. Ser cegamente otimista quando a maré se torna negativa, ou ser cegamente pessimista quando a maré fica favorável, é igualmente temerário para o êxito da empresa.

Quando entende a dinâmica do sobe e desce do mercado e, principalmente, quando consegue se antecipar ao início ou ao término das ondas de expansão/contração, o empreendedor fica mais preparado para administrar o negócio. Não dá para conceber um empreendimento e um empreendedor bem-sucedidos, se o empreendedor não tiver a sensibilidade apurada para os fatores externos.

CONSCIÊNCIA DOS CICLOS DE MERCADO: estou ciente da natureza cíclica do mercado, reconhecendo que há momentos de expansão e contração, e como isso afeta meu negócio?

PREPARAÇÃO PARA CRISES E CRESCIMENTO: estou preparado para as inevitáveis crises de mercado e sei como antecipar a retomada do crescimento, adaptando minhas estratégias de acordo com cada situação?

COMPREENSÃO DO CONTEXTO MACROECONÔMICO: tenho uma visão clara de como os acontecimentos macroeconômicos e as tendências setoriais impactam a saúde financeira e o crescimento do meu empreendimento?

EQUILÍBRIO ENTRE OTIMISMO E PESSIMISMO: consigo manter um equilíbrio saudável entre otimismo e pessimismo, evitando reações extremas que possam comprometer o êxito do meu negócio nos diferentes ciclos de mercado?

SENSIBILIDADE AOS ACONTECIMENTOS EXTERNOS: possuo a sensibilidade apurada necessária para identificar o início e o término das ondas de expansão e contração do mercado, permitindo-me administrar meu negócio de maneira eficaz em qualquer cenário?

FASE II – DIREÇÃO

QUAIS SÃO OS PRINCÍPIOS QUE AJUDAM O EMPREENDEDOR A SE CONHECER MELHOR E QUE AMPLIAM O SEU POTENCIAL?

Na primeira parte de *101 Princípios Essenciais do Empreendedorismo*, tratei dos aspectos globais do desafio que é abrir um negócio próprio. Empreender requer a compreensão exata do que significa ter e manter uma empresa. Gosto de abordar os *Princípios que guiam os primeiros passos de um empreendedor* para dar a noção clara do que o empreendedor terá pela frente em sua jornada. Não por acaso, optei por apresentar a realidade nua e crua, sem falsas expectativas e sem "dourar a pílula".

Agora, na segunda parte do livro, gostaria de trazer outro conjunto de fundamentos empresariais. Desta vez, não vou focar aquilo que o empreendedor precisa saber, mas sim, aquilo que ele precisa fazer efetivamente. Independentemente do tipo de negócio, da fase evolutiva do empreendimento e das características do mercado, uma coisa não muda: a postura e a atitude do líder da empresa como fatores decisivos para o sucesso profissional dele e para o êxito de sua companhia.

Chamei essa nova seção de *Princípios que ajudam o empreendedor a se conhecer melhor e que ampliam o seu potencial*. Se você quer, ou vai empreender, é importante conhecer e, principalmente, aplicar no dia a dia as características que os empreendedores de sucesso têm em comum. Se não dá para colocar todas em prática, tente, ao menos, a maioria. O que não me parece nem um pouco viável é o empreendedor querer ter êxito no mundo dos negócios, desprezando boa parte desses princípios.

A seguir, listei os 33 princípios norteadores que os empreendedores devem seguir em todos os momentos da evolução de seus negócios. Nos próximos capítulos, vou me aprofundar em cada um destes conceitos:

PRINCÍPIO 11: Conheça suas razões para empreender.

PRINCÍPIO 12: Tenha consistência de propósito.

PRINCÍPIO 13: Aprenda a lidar com os vários "nãos".

PRINCÍPIO 14: Seja um eterno otimista.

PRINCÍPIO 15: Compartilhe conhecimentos e aprendizados.

PRINCÍPIO 16: Aprenda com as experiências dos outros.

PRINCÍPIO 17: Tenha fé.

PRINCÍPIO 18: Trabalhe bem e trabalhe duro.

PRINCÍPIO 19: Tenha coragem.

PRINCÍPIO 20: Alimente sua curiosidade e seja um eterno aprendiz.

PRINCÍPIO 21: Conheça o seu negócio com profundidade.

PRINCÍPIO 22: Seja um ótimo comunicador.

PRINCÍPIO 23: Busque o equilíbrio entre vida pessoal e profissional.

PRINCÍPIO 24: Conheça as pessoas envolvidas com o seu negócio.

PRINCÍPIO 25: Desconecte-se do trabalho para despertar sua criatividade.

PRINCÍPIO 26: Cuide de sua saúde mental.

PRINCÍPIO 27: Conviva com pessoas sábias e experientes.

PRINCÍPIO 28: Peça feedbacks.

PRINCÍPIO 29: Faça atividades físicas regularmente.

PRINCÍPIO 30: Exercite o autoconhecimento.

PRINCÍPIO 31: Não desista facilmente dos seus sonhos.

PRINCÍPIO 32: Compreenda o que o mercado está sinalizando.

PRINCÍPIO 33: Viva de acordo com sua real capacidade financeira.

PRINCÍPIO 34: Use a ansiedade a seu favor.

PRINCÍPIO 35: Saiba reconhecer as pessoas que não agregam ao negócio.

PRINCÍPIO 36: Respeite a opinião dos clientes.

PRINCÍPIO 37: Dinheiro é liberdade.

PRINCÍPIO 38: Não espere ter lucro rapidamente.

PRINCÍPIO 39: Acompanhe sua saúde com atenção.

PRINCÍPIO 40: Tenha hobbies.

PRINCÍPIO 41: Tenha boas noites de sono.

PRINCÍPIO 42: Trabalhe do jeito correto.

PRINCÍPIO 43: Trabalhe com planejamento.

PRINCÍPIO 11: CONHEÇA SUAS RAZÕES PARA EMPREENDER

Identificar os motivos que levaram o empreendedor a abrir o negócio próprio contribui para que ele nunca desista.

O que leva alguém a abrir uma empresa? Aparentemente banal, essa pergunta pode revelar muito sobre o empreendedor e o negócio em si. É a paixão pelos produtos e/ou serviços comercializados, é o encanto pelo setor de atuação, é a especialização do empreendedor em um nicho de mercado, é a vontade incontrolável de conceber alguma inovação, é a criação de uma oferta de valor diferenciada ou é a demanda pela atividade exercida por aquele empreendedor? Afinal, o que está por trás da decisão de montar a empresa?

Esses questionamentos são interessantes, porque normalmente os empreendedores de sucesso possuem algumas características em comum. Para começo de conversa, eles são apaixonados (ou acabam se apaixonando) pelos segmentos de atuação em que têm/tiveram êxito. Essa paixão os leva a conhecer os detalhes dos produtos e serviços, o gosto dos clientes, a dinâmica do mercado e as últimas novidades lançadas no país e no mundo. Não à toa, os empreendedores bem-sucedidos possuem um profundo conhecimento do setor, das engrenagens da sua empresa e das particularidades dos consumidores. Ou seja, são especialistas naquele ramo de atividade. Coloque-os em outras áreas, das quais não entendem, ou não gostam, e, na certa, o resultado que era satisfatório poderá ser decepcionante.

Por essa perspectiva, qual é o motivo que o levou ou está levando a empreender? Está empreendendo por vontade ou necessidade? Você é um apaixonado por aquele tipo de negócio ou é um especialista naquela área?

As pessoas o enxergam como um entusiasta do setor ou como uma referência na profissão?

Sinceramente, não sei quais foram as razões que o levaram a empreender. Porém, o que posso garantir é que, se você for um apaixonado pelo segmento de mercado que está focando e entende profundamente dessa área, você está no caminho certo. Empreendedores exitosos têm tradicionalmente essas duas características: paixão pelo que estão construindo e conhecimento profundo pelo que fazem.

MOTIVAÇÃO PARA EMPREENDER: qual foi a verdadeira motivação por trás da minha decisão de abrir um negócio? Foi a paixão pelo setor, a especialização em um nicho de mercado, a vontade de inovar ou a demanda natural pelos meus serviços ou produtos?

PAIXÃO PELO SETOR: sou genuinamente apaixonado pelo setor em que meu negócio está inserido, a ponto de querer conhecer todos os detalhes dos produtos e serviços, as preferências dos clientes e as tendências de mercado?

CONHECIMENTO E ESPECIALIZAÇÃO: considero-me um especialista na área em que meu negócio atua? Tenho conhecimento profundo das engrenagens do meu setor, da dinâmica do mercado e das necessidades dos consumidores?

IDENTIDADE PROFISSIONAL: as pessoas me veem como uma referência no setor ou acreditam que eu deveria estar em outro campo de atuação?

AVALIAÇÃO DO SUCESSO: baseado na minha paixão, e no meu conhecimento pelo segmento de mercado que escolhi, acredito que estou no caminho certo para o sucesso empresarial e no mesmo nível de empreendedores bem-sucedidos?

PRINCÍPIO 12: TENHA CONSISTÊNCIA DE PROPÓSITO

Por ser difícil e longa, a caminhada empreendedora exige consistência, foco e um propósito claro por parte do empreendedor.

Como já disse, a caminhada empreendedora é difícil, longa, turbulenta e traiçoeira. Exatamente por isso os empreendedores precisam ser exaustivamente insistentes. E o que seria isso? Basicamente, é não desistir das ideias e dos projetos de negócio. Sabendo que os resultados positivos não virão rapidamente e que eles não surgirão sem grandes esforços, é preciso persistir. O sucesso só será obtido por quem insistir em alcançá-lo.

O empreendedor precisa aliar obstinação, foco e perseverança em seu trabalho. Sem essa tríade, que gosto de resumir simplesmente pelo termo "agir sem desistir", ele não chegará nem perto do ponto almejado. Se, aos menores sinais de adversidades e de negativas, os empreendedores abandonassem suas empresas, não teríamos nenhuma companhia aberta hoje em dia. Dessa maneira, é preciso continuar seguindo em frente.

Só tome cuidado para não confundir persistência com teimosia. Apesar de os dois conceitos serem aparentemente parecidos, eles são, na prática, bem diferentes. Persistência é acreditar em si e na sua ideia e não abandonar o negócio apesar das dificuldades. Teimosia, por sua vez, é não reconhecer os erros e querer continuar com algo fadado ao fracasso. Portanto, seja persistente sem ser teimoso.

Agora me diga: você realmente consegue ser persistente? Se você quiser prosperar no empreendedorismo, tenha ciência que precisará desse componente. Ele contribuirá para que você vá até o fim com seu negócio, ao invés de ficar começando vários empreendimentos sem concluir nenhum.

PERSISTÊNCIA VERSUS RESULTADOS IMEDIATOS: estou preparado para ser incrivelmente persistente, sabendo que os resultados positivos do meu empreendimento requerem muito esforço e podem demorar a surgir?

OBSTINAÇÃO, FOCO E PERSEVERANÇA: possuo a obstinação, o foco e a perseverança necessários para superar adversidades, sem desviar do meu caminho empreendedor, mesmo diante das dificuldades?

DIFERENCIAÇÃO ENTRE PERSISTÊNCIA E TEIMOSIA: sou capaz de diferenciar entre ser persistente, acreditando em mim e na minha ideia, apesar dos obstáculos, e ser teimoso, recusando-me a reconhecer erros e insistindo em um caminho fadado ao fracasso?

CAPACIDADE DE AGIR SEM DESISTIR: realmente consigo agir, sem desistir, frente aos desafios, mantendo-me fiel às minhas ideias e projetos de negócio, com a determinação de alcançar o sucesso?

COMPROMISSO COM A CONCLUSÃO DO EMPREENDIMENTO: estou comprometido a levar meu negócio até o fim, evitando começar vários projetos sem concluir, e sou consciente de que a persistência é crucial para prosperar no empreendedorismo?

PRINCÍPIO 13:
APRENDA A LIDAR COM OS VÁRIOS "NÃOS"

Empreender é saber lidar com as sucessivas e intermináveis respostas negativas e frustrantes.

Viver é ter que conviver com os "nãos". Para cada "sim" que recebemos, normalmente precisamos ouvir dez, vinte, cinquenta, mil respostas negativas. No mundo dos negócios, o processo é idêntico. Para cada cliente a quem enviamos propostas comerciais, uma pequena parcela aceita. Para milhares de pessoas que passam na frente do estabelecimento, um número reduzido entra pelas portas da nossa empresa. Acredite em mim: os "nãos" superam de lavada os "sins", seja na vida pessoal, seja na vida profissional.

Entender essa dinâmica e aceitá-la faz parte do trabalho do empreendedor. Ele não pode se abater, nem desistir do negócio, quando ouvir diversas respostas negativas. Por mais que seja difícil lidar com as rejeições iniciais e com a overdose de recusas do mercado, ele não pode "perder a cabeça". Lembre-se: até mesmo as empresas líderes, e com anos de atuação, ouvem incontáveis negativas todos os dias.

Os empreendedores mais experientes e cientes do processo empresarial como um todo, conseguem lidar melhor com os "nãos". Já os novatos e os indivíduos mais ansiosos podem perder noites de sono por causa da demora do tão esperado, e necessário, "sim". O pior é quando o profissional não tem a maturidade ou a calma para esperar as primeiras respostas positivas e, numa reação impulsiva, desiste precipitadamente do negócio. Confesso que cansei de assistir a empreendedores que "pularam fora" justamente quando a empresa ia começar a colher os frutos plantados.

Para que algo assim não aconteça com você, saiba ouvir "nãos" sem esmorecer. Até o primeiro "sim" entrar pela porta da empresa e adquirir seus produtos e serviços, tenha a certeza de que muitas recusas terão pisado no chão de seu negócio antes e terão desprezado suas ofertas. E essa dinâmica não vai mudar nunca, nem mesmo com o crescimento da operação e o sucesso do seu empreendimento. Viva e conviva com os "nãos"! Receber "nãos" significa que você já saiu da inércia, e está à frente de pessoas que nem conseguiram sair do lugar.

ACEITAÇÃO DOS "NÃOS": estou preparado para aceitar os "nãos" como parte natural do processo empreendedor, entendendo que eles são mais frequentes do que os "sins", tanto na vida pessoal quanto na profissional?

RESILIÊNCIA FRENTE ÀS REJEIÇÕES: possuo a resiliência necessária para não me abater com as rejeições e recusas iniciais do mercado, mantendo a calma e a persistência durante o desenvolvimento do meu negócio?

GESTÃO EMOCIONAL: consigo lidar emocionalmente com os "nãos", evitando que a ansiedade ou a falta de maturidade me façam desistir do meu empreendimento, antes de receber as primeiras respostas positivas?

PERSEVERANÇA ATÉ O PRIMEIRO "SIM": estou disposto a perseverar até que o primeiro "sim" entre pela porta da minha empresa, sabendo que muitas recusas já terão ocorrido, e que isso é uma parte essencial do crescimento do negócio?

VISÃO DE LONGO PRAZO COM OS "NÃOS": entendo que conviver com os "nãos" é um aspecto contínuo do empreendedorismo e que receber respostas negativas significa que estou agindo e me posicionando à frente daqueles que não conseguem sair do lugar?

PRINCÍPIO 14: SEJA UM ETERNO OTIMISTA

O pensamento positivo abre as portas para as realizações pessoais e profissionais e prepara os empreendedores para todas as situações.

O empreendedor precisa ter a crença inabalável de que os sonhos dele são possíveis. Ele não pode ser vencido pelo pessimismo, um inimigo silencioso, sorrateiro e implacável, que pode chegar a qualquer momento e vir de qualquer lugar. A visão otimista de que terá êxito contribui para a materialização dos pensamentos positivos. Muitas vezes não temos a certeza de que o negócio dará certo. Mas precisamos ter a esperança fortemente alimentada dia a dia de que o sucesso chegará. O "frio na barriga" por empreender pode até estar presente (e sempre estará), mas o nervosismo não pode trazer junto com ele, a mentalidade negativa.

O empreendedor deve sempre enxergar o futuro de forma positiva, por maiores que sejam as dificuldades no presente. Ao encarar a realidade de maneira satisfatória, a vida se torna naturalmente mais leve e favorável ao sucesso. Essa é a força do otimismo! O contrário também é válido. Para quem vê o futuro com pessimismo, quase sempre o amanhã será insatisfatório, pesado e desfavorável.

Essa não é uma reflexão proposta somente pelos autores de autoajuda e sim um tema de debate de autores que conhecem a ciência em profundidade. Os pensamentos são forças magnéticas capazes de influenciar poderosamente as pessoas e o universo. Pensar positivo é uma arma que os empreendedores têm e que está disponível para qualquer pessoa que queira se beneficiar de suas propriedades.

E como podemos trazer esse conhecimento para a nossa rotina? Ora, se você é um otimista inveterado, continue com os pensamentos positivos e os potencialize. O sucesso de seu negócio depende de tal característica pessoal. Agora, se você é um eterno pessimista, talvez seja a hora de compreender, o quanto os pensamentos negativos complicam a sua jornada como empreendedor.

Para ter êxito no universo dos negócios, é preciso ser otimista. Confesso que não conheci, até hoje, nenhum empreendedor bem-sucedido que fosse amargurado, pessimista e que alimentasse visões negativas da vida, da empresa, do mercado e do mundo. E, para ter o otimismo semelhante ao deles, basta você acreditar que, para absolutamente todos os problemas, existe uma solução, mesmo que você ainda desconheça qual seja.

CRENÇA NOS SONHOS: mantenho a crença inabalável de que é possível realizar meus sonhos de negócio, apesar dos desafios e incertezas que enfrento?

VISÃO OTIMISTA: posso dizer que, constantemente, enxergo o futuro do meu empreendimento com otimismo, mesmo diante de adversidades momentâneas?

RESISTÊNCIA AO PESSIMISMO: tenho conseguido resistir ao pessimismo, mantendo minha motivação e foco no sucesso do meu negócio?

USO DA FORÇA DOS PENSAMENTOS POSITIVOS: estou aproveitando o poder dos pensamentos positivos para influenciar positivamente o rumo do meu empreendimento?

TRANSFORMAÇÃO PESSOAL PARA O OTIMISMO: estou disposto a transformar qualquer tendência pessimista em otimismo, compreendendo o impacto significativo dessa mudança para o sucesso do meu negócio?

PRINCÍPIO 15: COMPARTILHE CONHECIMENTOS E APRENDIZADOS

Ao compartilhar seus conhecimentos e experiências, o empreendedor promove o crescimento e o amadurecimento de seu negócio.

Não tenha medo de dividir o que você sabe e o que aprendeu. O empreendedor com visão acurada sobre a realidade compreende a importância de compartilhar conhecimentos e habilidades. O empreendedor que ensina, também, automaticamente, aprende mais, promovendo, assim, um progresso dos saberes. E a empresa, que tem um líder dedicado ao aprimoramento das competências dos colaboradores, fornecedores e parceiros comerciais, geralmente desenvolve-se rapidamente e de forma orgânica. Afinal, todos querem a companhia daquele que mostra tanto conhecimento e tem a humildade para transmiti-lo.

Infelizmente, há empreendedores que não gostam de dividir suas experiências e aprendizados com ninguém, nem com a família, nem com os sucessores da empresa. Eles acabam guardando toda a sabedoria e a prática para si. Acredito que fazem isso por medo da concorrência, por causa do ego de ver outros se destacando e/ou pelo pensamento equivocado de querer se manter no centro do empreendimento custe o que custar. Nada pode ser mais errado que não permitir o desenvolvimento da equipe.

O empreendedor deve alimentar, não apenas o crescimento do próprio empreendimento, mas também o progresso de todo o ambiente em que está inserido. Só assim ele conseguirá criar um negócio verdadeiramente duradouro, que não dependa apenas de uma pessoa ou de uma geração de colaboradores para funcionar. E essa façanha só é obtida quando o empreendedor compartilha, ensina, aprende e multiplica práticas e conhecimentos com todos.

O mais bacana disso é que, o empreendedor que sabe dividir conhecimento, ganha enorme credibilidade e vai tornando-se referência no mercado. Ou seja, ele próprio acaba se beneficiando com esse processo. E você, o que está fazendo para compartilhar seus conhecimentos com a equipe e com as demais pessoas que estão envolvidas no seu negócio ou que fazem parte da sua vida?

VALORIZO O COMPARTILHAMENTO DE CONHECIMENTO: Compreendo a importância de disseminar meus conhecimentos e habilidades entre meus colaboradores, fornecedores e parceiros para favorecer o crescimento orgânico do meu negócio?

ENSINO COMO FORMA DE APRENDIZADO: Reconheço que, ao ensinar os outros, estou, na verdade, expandindo meu próprio entendimento e engajando-me em um ciclo contínuo de aprendizado e evolução?

ELIMINO OBSTÁCULOS PARA COMPARTILHAR: Consigo superar o receio de perder para a concorrência, o orgulho pessoal e quaisquer equívocos que me impedem de compartilhar minhas experiências e lições com minha equipe e futuros líderes?

IMPULSIONO O AMBIENTE DE NEGÓCIOS: estou desempenhando um papel ativo no mercado em que estou inserido e no desenvolvimento do meu negócio, de maneira a beneficiar as futuras gerações?

FORTALEÇO MINHA REPUTAÇÃO E POSIÇÃO NO MERCADO: compartilho meus conhecimentos com o objetivo de me tornar uma referência no mercado e atrair pessoas que irão contribuir para o desenvolvimento do meu negócio?

PRINCÍPIO 16: APRENDA COM AS EXPERIÊNCIAS DOS OUTROS

O empreendedor sábio é aquele que utiliza os acertos e os erros de outras pessoas para evoluir no âmbito pessoal e profissional.

Há um ditado popular do qual gosto muito. Ele diz o seguinte: a pessoa inteligente é aquela que aprende com os próprios erros; já a pessoa sábia é aquela que aprende com os erros dos outros. No empreendedorismo, essa máxima é extremamente válida. Normalmente, o empreendedor acaba aprendendo bastante com os próprios equívocos. Afinal, empreender é errar um pouco todo dia. O empreendedor só cresce depois de vários tropeços ao longo do caminho. Até chegar ao sucesso, o empreendedor terá cometido incontáveis erros, de todos os tipos e tamanhos.

A questão que instigo os empreendedores é que dá para sermos sábios em vez de sermos só inteligentes. Em outras palavras, por que não nos esforçamos para aprender bastante com os erros dos outros? Essa é uma prática interessante, que deve ser levada à sério por quem deseja montar um negócio, ou por quem já possui um. Isso não quer dizer que você não cometerá seus próprios erros. Porém, poderá, pelo menos essa é a minha recomendação, aprender, também, com as falhas das outras pessoas.

E como o empreendedor desenvolve esse tipo de aprendizado? A resposta pode ser mais simples do que você imagina. É por meio de conversas diretas, trocas de experiências, mentorias, leituras, cursos, palestras e reuniões com empreendedores. Há infinitas maneiras de estar atento àquilo que os outros empreendedores estão fazendo e que querem compartilhar conosco. O interessante de aprender com os erros alheios é que podemos evitar ou minimizar falhas similares. Ainda assim, é importante que continuemos aprendendo com nossas falhas. É bom que sejam equívocos diferentes, pois isso nos trará novas experiências e maturidade.

Ao aprender com os erros dos outros, acabamos potencializando nossa evolução e sedimentando o crescimento do nosso negócio. E o que você está fazendo para aprender com os outros empreendedores? Não vai me dizer que você é daqueles que só aprende com os próprios erros, hein?

ABERTURA PARA APRENDIZADO COM ERROS ALHEIOS: estou me esforçando para ser sábio, buscando ativamente aprender com os erros de outros empreendedores, além de refletir sobre meus próprios erros?

ESTRATÉGIAS DE APRENDIZADO: utilizo estratégias eficazes, como: conversas diretas, trocas de experiências, mentorias, leituras, cursos, palestras e reuniões para aprender com as falhas e sucessos alheios?

PREVENÇÃO E MINIMIZAÇÃO DE FALHAS: estou conseguindo evitar ou minimizar falhas em meu negócio, ao aplicar os aprendizados obtidos dos erros de outros empreendedores?

DIVERSIFICAÇÃO DO APRENDIZADO: reconheço a importância de falhar em áreas novas, adquirindo assim mais experiência e maturidade, em vez de repetir os erros já conhecidos?

POTENCIALIZAÇÃO DA EVOLUÇÃO EMPRESARIAL: como estou utilizando o aprendizado com os erros dos outros para potencializar minha evolução pessoal e o crescimento do meu negócio?

PRINCÍPIO 17: TENHA FÉ

Independentemente da religião, o empreendedor que acredita na espiritualidade possui uma força interna poderosa que o auxilia a encarar os problemas do dia a dia.

O estímulo à fé e a valorização da espiritualidade geralmente contribuem para a harmonia do ambiente empresarial e para a produtividade dos colaboradores. Por isso, recomendo que o empreendedor insira componentes espirituais na sua rotina e no dia a dia de seu negócio. Rezar e pedir ajuda a Deus, no início das operações, são atitudes salutares que demonstram a grandeza de espírito do empreendedor. Rezar e agradecer pelas graças alcançadas, no encerramento do turno, são medidas revigorantes que contribuem para a autoestima e o bem-estar da equipe.

Repare, que não estamos falando para se optar por uma ou outra religião em detrimento de outras. O ideal é a empresa oferecer um ambiente de respeito a crenças diversas e permitir que os colaboradores possam se expressar de maneira individualizada. O diálogo com Deus e o hábito da oração devem ser práticas espontâneas. Se essas práticas forem induzidas ou obrigadas pela liderança do negócio, o efeito positivo na equipe tende a se diluir com o tempo. Inclusive, o empreendedor deve respeitar aqueles que não professam nenhum tipo de fé. Afinal, todos são livres para acreditar e para não acreditar no que quiserem.

No entanto, acredito que a religiosidade e a espiritualidade ajudam as pessoas a encontrarem sentido no trabalho, e dão força para encararem os momentos de maior dificuldade. Elas também trazem preceitos morais sólidos, tais como o desejo de servir ao próximo, a busca pela verdade, a necessidade de justiça, a promoção de ambientes agradáveis e o estímulo à criação de laços fraternais entre as pessoas.

A reza e o mergulho nas questões espirituais tornam o empreendedor um indivíduo mais humilde e centrado, e o profissional mais humano e focado. Se você embarcou, está embarcando ou embarcará no mundo do empreendedorismo, não esqueça de manter, pelo menos um dos pés, na espiritualidade, na sua religião ou em qualquer coisa que o faça se sentir encorajado. Essa atitude será positiva para você, para seu time e para a empresa como um todo.

INCLUSÃO DA ESPIRITUALIDADE NA ROTINA EMPRESARIAL: estou incorporando práticas espirituais na minha rotina e incentivando um ambiente onde todos os colaboradores possam expressar suas crenças de maneira individualizada e legítima?

RESPEITO À DIVERSIDADE DE CRENÇAS: demonstro respeito tanto por quem tem fé em Deus quanto por aqueles que não possuem a mesma crença, promovendo um ambiente inclusivo e harmonioso no local de trabalho?

RECONHECIMENTO DOS BENEFÍCIOS DA ESPIRITUALIDADE: reconheço os benefícios que a espiritualidade e a religiosidade podem trazer ao ambiente empresarial, como: sentido ao trabalho, força nos momentos difíceis, preceitos morais sólidos e estímulo à criação de laços fraternais?

PRÁTICA ESPONTÂNEA DA FÉ: as práticas espirituais no meu negócio são incentivadas de forma espontânea, sem serem induzidas ou obrigatórias, para manterem seu efeito positivo intacto?

EQUILÍBRIO ENTRE ESPIRITUALIDADE E EMPREENDEDORISMO: como estou equilibrando a espiritualidade e a religiosidade na minha jornada empreendedora para tornar-me um líder mais humilde, centrado, e um profissional mais humano e focado?

PRINCÍPIO 18: TRABALHE BEM E TRABALHE DURO

Somente com o trabalho competente e a dedicação é que os negócios se materializam e se tornam prósperos.

Quando questiono os empreendedores, sobre os motivos que os levaram a abrir seus negócios, há quem responda que desejava ter uma rotina mais tranquila, certa flexibilidade de horário e mais espaço na agenda para atividades familiares e de lazer. Tem os que queriam se livrar das imposições do chefe e da rotina executiva, por vezes estressantes. Porém, será mesmo que, ao embarcar no empreendedorismo, o indivíduo conseguirá um estilo de vida mais calmo e com horários flexíveis? E ele terá jornadas de trabalho com menos horas? Conseguirá obter maior equilíbrio entre vida pessoal e profissional? Sendo sincero, eu não acredito nisso.

Empreender é uma tarefa que exige, normalmente, muita dedicação, e envolve muito mais riscos do que ter um emprego fixo. Quando o empreendedor está à frente da empresa, não existe mais jornada de trabalho de oito horas diárias e semana útil de apenas cinco dias. O nível de exigência eleva-se e o empreendedor acaba trabalhando por mais tempo e sob um nível maior de estresse. Se antes havia um chefe para cobrar, agora existem vários clientes, colaboradores e fornecedores que exigem atenção e respostas imediatas.

O empreendedorismo faz-se pela dedicação e pela excelência de seu líder. Não existe vitória sem trabalho árduo. Por mais brilhante que seja a inspiração por trás de um negócio, o empreendedor precisa suar muito para concretizar as ideias e propostas dele com sucesso. Além disso, o tempo inteiro ele precisa buscar a excelência. É justamente isso que muitos empreendedores se esquecem e não praticam como deveriam.

Repare que o que chamei de trabalho árduo é a mistura de dedicação, empenho, busca pelo perfeccionismo e alto nível de excelência. Engana-se quem acha que trabalhar de forma inteligente requer, apenas, muita dedicação. Não! É preciso buscar a excelência em tudo aquilo que você faz. Trabalhar duro é trabalhar muito e bem. De que adianta fazer muitas coisas, mas de maneira relapsa? Gosto de lembrar o que Peter Drucker dizia: "Fazer as coisas certas é mais importante do que fazer as coisas de maneira correta."

O jeito que o empreendedor tem para saber se está trabalhando com qualidade, é avaliar o índice de retrabalho gerado diariamente. Se a maior parte das atividades precisa ser refeita, corrigida ou não apresenta resultados satisfatórios, há um sério problema de eficiência. Infelizmente esse é um problema comum do empreendedor. Ele dedica-se de corpo e alma ao trabalho, durante longas jornadas diárias, mas não avalia a qualidade do que faz.

Para que tal situação não aconteça com você, lembre-se: trabalho duro é a combinação de dedicação e inteligência. Uma parte não caminha sem a outra. O empreendedor bem-sucedido atua simultaneamente nessas duas frentes.

EXPECTATIVAS ***versus*** REALIDADE: estou preparado para a realidade de que empreender pode exigir muita dedicação e resultar em uma rotina mais intensa do que esperava, contrariando a expectativa de um estilo de vida mais tranquilo e com horários flexíveis?

GESTÃO DE TEMPO E ESTRESSE: tenho estratégias eficazes para gerenciar meu tempo, o estresse associado às jornadas de trabalho mais longas e à responsabilidade de atender às demandas de clientes, colaboradores e fornecedores?

DEDICAÇÃO E PERFECCIONISMO: entendo que o sucesso do meu negócio dependerá não apenas da minha dedicação, mas também do meu compromisso com o perfeccionismo e a busca constante pela excelência?

AVALIAÇÃO DA QUALIDADE DO TRABALHO: regularmente avalio a qualidade do meu trabalho para garantir que não estou apenas ocupado, mas também produtivo e eficiente, minimizando a necessidade de retrabalho?

EQUILÍBRIO ENTRE DEDICAÇÃO E INTELIGÊNCIA: reconheço que trabalho duro é a combinação de dedicação com inteligência, e estou comprometido a atuar nessas duas frentes para alcançar o sucesso sustentável do meu negócio?

PRINCÍPIO 19: TENHA CORAGEM

Uma das marcas do empreendedor é a ousadia por se lançar em direção a realidades desconhecidas.

Há aprendizados e experiências que o empreendedor só tem quando inicia efetivamente seu negócio. É nesse momento em que começam o frio na barriga, as dúvidas de gestão, as preocupações que extrapolam o âmbito profissional e a busca pela viabilidade financeira do empreendimento. A jornada do empreendedor começa desde o momento em que ele desenvolve uma ideia, mas só se torna realidade quando ele acumula coragem suficiente para dar os primeiros passos, isto é, quando ele coloca a empresa para funcionar.

Há algumas dores que só quem empreende conhece. É comum o empreendedor iniciante questionar-se: "Vou ter clientes suficientes?"; "As vendas vão cobrir as despesas deste mês?"; "Vai sobrar algum dinheiro para eu pagar as contas pessoais?"; e "Como farei para pagar os salários dos colaboradores se eu não tiver "grana"?". Repare que essas preocupações não existiriam se essa pessoa tivesse um emprego convencional, com salário fixo e a certeza da remuneração, no início de cada mês.

Quando olhamos a realidade do empreendedor, não é nada fácil sentir tal experiência na pele. Contudo, vivenciar tais agonias é um aprendizado valiosíssimo que ele precisa passar em algum momento da jornada empreendedora. E só consegue enfrentar as dificuldades, quem teve a coragem de se lançar em direção ao desconhecido. Nem mesmo a incerteza do êxito o fez abandonar suas convicções.

É importante dizer que empreender não é um ato inconsequente. O empreendedor deve cercar-se de vários elementos para garantir o sucesso da empresa. Dessa maneira, são fundamentais o planejamento, a pesquisa de mercado, a opinião de especialistas, o rigoroso plano financeiro, a boa gestão dos recursos humanos etc. Ainda sim é preciso coragem (muita coragem!) para abandonar a segurança da rotina convencional, e lançar-se nos mares revoltos do empreendedorismo.

E você, tem ou já teve a coragem necessária para abrir seu próprio negócio?

CORAGEM PARA COMEÇAR: possuo a coragem necessária para dar o primeiro passo e iniciar meu negócio, enfrentando o desconhecido e os desafios, sem a certeza de sucesso?

GESTÃO DAS INCERTEZAS: estou preparado para lidar com as incertezas e preocupações comuns do empreendedorismo, como a viabilidade financeira, a aquisição de clientes e a capacidade de arcar com as despesas?

PREPARAÇÃO PARA DIFICULDADES FINANCEIRAS: como planejo enfrentar os desafios financeiros iniciais, incluindo a possibilidade de não ter renda suficiente para despesas pessoais e salários dos colaboradores?

VALORIZAÇÃO DO APRENDIZADO PELA EXPERIÊNCIA: reconheço o valor dos aprendizados e experiências adquiridos ao empreender, mesmo diante das dificuldades e agonias que só quem empreende conhece?

EMPREGO DE ESTRATÉGIAS DE SUPORTE: tenho implementado estratégias de suporte fundamentais, como: planejamento, pesquisa de mercado, consultoria de especialistas e gestão financeira, para aumentar as chances de sucesso do meu empreendimento?

PRINCÍPIO 20:
ALIMENTE SUA CURIOSIDADE E SEJA UM ETERNO APRENDIZ

O interesse genuíno por entender o mundo, o mercado, os clientes, os produtos e os serviços são um dos diferenciais do empreendedor.

O empreendedor é alguém com curiosidade visceral! A curiosidade é a causa de noites de reflexão, horas de leitura, ideias que surgem o tempo inteiro, questionamentos sobre a funcionalidade das coisas, e a investigação dos problemas das pessoas. Não existe empreendedorismo sem a vontade de aprender e descobrir.

Quando algo o intriga, o empreendedor não consegue ficar com as dúvidas que surgiram. Ele precisa das respostas, e corre atrás delas. É um processo parecido ao vivenciado pelas crianças, que se deparam com um mundo cheio de mistérios e alternativas. Assim como elas, o empreendedor não se cansa de fazer perguntas: O quê? Por quê? Como assim? Não tem outro jeito de resolver esse problema?

Chamo de curiosidade visceral essa característica dos empreendedores, porque ela é tão intensa e passional, que ocupa toda a mente e chega até a causar a ele desconforto físico. Enquanto não encontrar respostas, o empreendedor não consegue ter paz de espírito. Essa obstinação o transforma em um eterno aprendiz. Ele não para de aprender sobre determinados assuntos. Tem a humildade de reconhecer que não sabe tudo, apesar de saber muito, e lança-se em busca do aprimoramento constante. Uma vez na condição de eterno aprendiz, o empreendedor renova regularmente o interesse por novos temas. Sempre é tempo para iniciar um novo aprendizado e desbravar uma nova área de conhecimento.

A vantagem é que nunca foi tão fácil buscar novos conhecimentos. Vivemos na Era da Informação, na qual o conhecimento tornou-se mais acessível (em muitos casos até gratuito) e disseminado na sociedade. Há quem diga que a informação virou *commodity*. De qualquer maneira, é possível fazer cursos universitários a distância (inclusive fora do país) e comprar uma infinidade de livros sem sair de casa (dos mais diferentes assuntos e com os mais distintos preços). A Internet reúne uma inúmeras fontes para consulta e oferece cursos livres sobre praticamente qualquer tema (tanto online quanto offline).

Muitas das soluções que eu encontrei para os problemas das minhas empresas, foram em momentos de intensa reflexão e estudo. Já achei alternativas quando estava na estrada, indo para o interior ver minha família, no meio do banho, dentro do avião, após longas horas de voo e, até mesmo, em um jantar com amigos. Deparo-me pensando e procurando soluções em diversos momentos da minha vida. Por mais que eu tente me desligar, não consigo.

Se você já passou, ou passa por algo semelhante, não se preocupe. São situações normais para a alma empreendedora.

CURIOSIDADE INATA: sinto uma curiosidade visceral que me motiva a buscar constantemente novos conhecimentos, a questionar como as coisas funcionam e a investigar soluções para problemas diversos?

BUSCA CONTÍNUA POR APRENDIZADO: estou sempre em busca de aprimorar meus conhecimentos, reconhecendo minha posição de eterno aprendiz, aberto a explorar novas áreas e temas?

INQUIETAÇÃO POR RESPOSTAS: experimento uma inquietação que só se acalma quando encontro respostas para as dúvidas que me cercam, impulsionando-me a uma pesquisa e reflexão constantes?

INTEGRAÇÃO DE APRENDIZADOS NA VIDA DIÁRIA: utilizo consistentemente o que aprendi em diferentes momentos da vida para enfrentar e resolver desafios em meu negócio, demonstrando a relevância dos conhecimentos adquiridos?

ACESSO AO CONHECIMENTO DISPONÍVEL: estou aproveitando a oportunidade de ter recursos disponíveis gratuitamente para fomentar meu crescimento pessoal e profissional?

PRINCÍPIO 21: CONHEÇA O SEU NEGÓCIO COM PROFUNDIDADE

Para comandar um negócio com excelência, é preciso conhecer todas as engrenagens da empresa.

Não importa o tamanho, nem a área de atuação. Uma empresa é formada por processos de trabalho, que englobam diferentes áreas da gestão dos negócios. Empreender é envolver-se diretamente com Recursos Humanos, Marketing, Produção, Logística, Tecnologia da Informação, Gerenciamento da Qualidade, Pesquisa de Satisfação, Vendas, Finanças, Inovação, Atendimento aos Clientes, Desenvolvimento de Fornecedores, Compras etc. E no papel de líder, o empreendedor precisa dominar, ou, no mínimo, saber conduzir, cada uma dessas áreas, seja liderando diretamente ou liderando especialistas em cada uma delas.

Infelizmente, nem todos os empreendedores compreendem a importância da gestão eficiente. Por não dominarem e/ou não gostarem de boa parte dos temas da administração, eles ignoram as boas práticas de vários setores e acaba gerenciando os seus negócios de maneira extremamente amadora. Esse é justamente um dos erros mais graves dos empreendedores!!! Ao invés de procurarem dominar os conceitos de gestão, eles simplesmente delegam tarefas indiscriminadamente, ou ignoram os problemas que "pipocam" corriqueiramente em várias áreas de suas empresas.

Se você quer empreender, é bom saber que, por melhores que sejam suas ideias, por mais inovadores que sejam seus produtos e serviços, e por mais impactantes que sejam as soluções dos problemas para seus clientes, ainda assim, sua empresa vai precisar ter uma excelente gestão para prosperar. E a gestão é função primordial, pois não existe administração excelente sem o conhecimento aprofundado de gestão, e sem o cuidado para que as engrenagens da empresa funcionem em harmonia.

Você até pode delegar tarefas para a equipe e compartilhar responsabilidades com os sócios. Contudo, jamais poderá se eximir da missão de comandar o negócio de forma profissional. E para que isso ocorra, o pressuposto básico é que você saiba como conduzir cada área da empresa, e saiba como funciona a engrenagem geral do empreendimento.

COMPREENSÃO DA GESTÃO INTEGRADA: tenho conhecimento e compreensão sobre como gerenciar de forma integrada as diversas áreas do meu negócio, incluindo recursos humanos, marketing, produção, entre outras?

CAPACIDADE DE LIDERANÇA EM DIVERSAS ÁREAS: estou capacitado para liderar ou conduzir especialistas nas diferentes áreas da gestão do negócio, garantindo que todas as funções sejam desempenhadas com competência?

VISÃO SOBRE A IMPORTÂNCIA DA GESTÃO PROFISSIONAL: reconheço a importância de uma gestão eficiente e profissional para o sucesso do meu empreendimento, evitando gerenciar meu negócio de maneira amadora?

HABILIDADE DE DELEGAÇÃO CONSCIENTE: consigo delegar tarefas e compartilhar responsabilidades de maneira consciente, sem perder de vista a missão de comandar o negócio de forma profissional?

ENTENDIMENTO DAS RELAÇÕES ENTRE ÁREAS DO NEGÓCIO: possuo um entendimento claro de como cada área do meu negócio interage com as outras, e como essas relações impactam a engrenagem geral do empreendimento?

PRINCÍPIO 22: SEJA UM ÓTIMO COMUNICADOR

O responsável pelo negócio deve cuidar para que a comunicação com equipe, clientes, sócios e parceiros seja clara e transparente e não tenha ruídos nem mal-entendidos.

Como o próprio nome diz, o empreendedor é alguém que empreende. Porém, ele não trabalha sozinho. Pelo contrário: ele precisa se relacionar com colaboradores, sócios, clientes, fornecedores e parceiros. Um negócio é constituído, acima de tudo, pelas relações. E quando falamos das interações entre pessoas, temos que tratar da comunicação.

É impossível a montagem de uma empresa exitosa sem o cuidado e a excelência na forma como a comunicação interna (público interno) e a comunicação externa (público externo) são realizadas. E, para se ter um diálogo sem ruídos, o papel do empreendedor é fundamental. É ele o responsável por transmitir mensagens claras, impactantes e motivacionais, além de evitar mal-entendidos e intrigas. A comunicação de um negócio só melhora quando o empreendedor a torna a prioridade dele.

E como o empreendedor deve se comunicar para alcançar esses objetivos? Não existe uma receita pronta. O que dá para apontar, é que ele precisa ser franco, autêntico e verdadeiro em todas as suas interações. Caso cometa erros, deve reconhecê-los e pedir desculpas. Em caso de dúvida, o ideal é compartilhar as indecisões e pedir auxílio na tomada de decisão. Quando satisfeito, precisa elogiar. E quando insatisfeito, deve expressar o incômodo. É importante salientar que o *feedback* tem que ser dado com profissionalismo e assertividade. No caso de *feedbacks* negativos, eles precisam ser individuais e feitos de maneira privada.

Importante, também, não cometer "sincericídio" (mistura de sinceridade com suicídio). Estou querendo dizer que o empreendedor não deve falar tudo o que vem à mente sem considerar os sentimentos e as opiniões dos outros. Além disso, existem informações que precisam ser compartilhadas com todas as pessoas, e outros temas estratégicos que devem ser desdobrados conforme a necessidade da organização. No entanto, para cada informação que você dividir com o seu time, seja com alguns ou com todos, faça isso de forma sincera, honesta e verdadeira. Ao perceber que a sua fala possui essas características, você aumentará a confiança que sua equipe tem em você.

Note o poder absurdo que a fala tem no ambiente empresarial. O líder consegue influenciar, positiva ou negativamente, as pessoas em seu entorno, a partir da forma e do conteúdo da comunicação dele.

Portanto, nunca subestime a força da conversa e da interação pessoal. Uma comunicação malfeita gera ruídos, dispersão e desmotivação na equipe. Uma comunicação bem-feita, franca e transparente gera integração, foco e comprometimento.

PRIORIZAÇÃO DA COMUNICAÇÃO: estou tornando a comunicação uma prioridade em meu negócio, garantindo que, tanto a comunicação interna quanto a externa, sejam claras, impactantes e livres de mal-entendidos?

AUTENTICIDADE E FRANQUEZA: minhas interações com colaboradores, sócios, clientes, fornecedores e parceiros são caracterizadas por franqueza, autenticidade e verdade?

GESTÃO DE FEEDBACK: sei dar *feedback* de maneira profissional e assertiva, ressaltando os pontos positivos e orientando o que precisa ser feito de forma diferente sem causar desconfortos ou conflitos?

DISSEMINAÇÃO DE INFORMAÇÕES: consigo discernir quais informações devem ser compartilhadas com todos e quais não devem, mantendo sempre a sinceridade, honestidade e verdade em minhas comunicações?

IMPACTO DA COMUNICAÇÃO NA LIDERANÇA: reconheço o impacto que minha forma de comunicar tem sobre a motivação e o comprometimento da minha equipe?

PRINCÍPIO 23: BUSQUE O EQUILÍBRIO ENTRE VIDA PESSOAL E PROFISSIONAL

Os empreendedores que têm tempo para família podem ser mais produtivos, criativos e inspiradores.

Muitos empreendedores são tragados pelos compromissos profissionais e pelas intermináveis atividades que o negócio exige. As jornadas de trabalho costumam ser longas e desgastantes. A sensação é que o dia é curto e faltam horas na agenda. Diante disso, acreditam que não resta outra opção senão aceitar a realidade e viverem quase que exclusivamente para o trabalho, não dando a devida atenção a outras áreas fundamentais da vida para se viver bem.

Os empreendedores que decidiram viver dessa maneira não poderiam ter tomado atitude mais temerária, afinal, o bem-estar e a saúde mental são cruciais para a sustentabilidade a longo prazo de qualquer empreendimento profissional. Eles não podem renunciar à felicidade pessoal, social, conjugal e familiar em nome do negócio próprio. Devem tentar equilibrar vida pessoal e vida profissional, independentemente dos desafios que cada lado exige.

Os profissionais focados exclusivamente no trabalho e que não possuem tempo para seus hobbies ou para os momentos de lazer, tornam-se, com o tempo, menos carismáticos, menos inspiradores e menos admiráveis aos olhos da equipe. Sejamos sinceros: ninguém, em sã consciência, suporta alguém bitolado na profissão e viciado em trabalho. Nem a própria pessoa consegue se suportar, às vezes. E conheço muitos empreendedores que sofrem, por serem aficionados pelo trabalho, e que não possuem uma vida mais leve e divertida. Eu já fui um deles.

Quando o empreendedor dá vazão aos demais aspectos da vida, ele está fazendo um bem tanto para ele quanto para sua empresa. Jamais renuncie à sua felicidade plena! Tente equilibrar todas as facetas de sua existência, por mais difícil que pareça no primeiro momento. Não há problema se, em alguns momentos da sua jornada, você se dedicar mais ao trabalho do que o normal, mas não deixe de retomar ou buscar o equilíbrio. O sucesso nos negócios precisa estar atrelado ao sucesso pessoal. E o êxito particular deve vir junto com o êxito profissional. Uma pessoa só será realmente plena, quando obtiver a harmonia entre os diferentes aspectos da vida.

Não se pode desistir da busca da felicidade plena. Quando o assunto é viver bem e sentir-se realizado, não basta cuidar apenas de uma parte da vida. É preciso cuidar do essencial em diferentes áreas. Quem não acredita em felicidade plena é porque ainda não a encontrou.

EQUILÍBRIO ENTRE VIDA PESSOAL E PROFISSIONAL: estou conseguindo encontrar um equilíbrio saudável entre minha vida pessoal e profissional, garantindo que não estou renunciando à minha felicidade pessoal, social, conjugal e familiar em nome do trabalho?

MANUTENÇÃO DE HOBBIES E LAZER: tenho dedicado tempo suficiente aos meus hobbies e atividades de lazer, compreendendo a importância desses momentos para que eu seja uma pessoa inspiradora e carismática?

PERCEPÇÃO DA IMPORTÂNCIA DA FELICIDADE PLENA: entendo que a verdadeira plenitude vem da harmonia entre sucesso pessoal e profissional, e estou trabalhando para alcançar esse equilíbrio?

GESTÃO DO TRABALHO E DA VIDA PESSOAL: estou ciente de que focar, exclusivamente, no trabalho pode levar a um desgaste emocional e a uma vida menos satisfatória, e busco maneiras de manter uma rotina equilibrada?

COMPROMISSO COM A FELICIDADE INTEGRAL: comprometo-me a nunca renunciar a qualquer tipo de felicidade em prol de outra, buscando viver, integralmente em todos os aspectos da minha vida?

PRINCÍPIO 24: CONHEÇA AS PESSOAS ENVOLVIDAS COM O SEU NEGÓCIO

O verdadeiro líder investe tempo e esforço para conhecer aqueles que fazem a sua empresa funcionar.

Quando consciente do papel de líder, o empreendedor tem interesse genuíno pelas pessoas à sua volta. Ele se preocupa com todos que fazem parte da empresa, sem esperar algo em troca ou retribuições imediatas. As ações dele são pautadas pela vontade legítima de ajudar o próximo, e de criar um ambiente de harmonia, integração, companheirismo e cumplicidade.

A insatisfação do cliente é a insatisfação dele. O incômodo ou o mal-estar do colaborador transforma-se automaticamente no inconveniente dele. O problema do fornecedor é também dele. As angústias que o sócio sente, são preocupações que o afetam diretamente. E as falhas nos processos e os defeitos nos produtos e serviços da companhia dele, são sentidos como equívocos do próprio trabalho dele, como líder e gestor.

Um negócio é feito por dezenas, centenas, milhares de pessoas. Não me parece crível que somente uma pessoa, ou um pequeno grupo de pessoas, possa se beneficiar do negócio, em detrimento da satisfação da maioria, afinal, qualquer negócio precisa contribuir, de alguma forma, para a sociedade. Para gerar um contentamento coletivo, o empreendedor precisa estar atento ao que acontece com cada indivíduo que faz parte de sua empresa. Ele precisa escutar, ver e sentir, com compaixão, o que está ocorrendo com todos. Por mais que você não consiga conhecer, com profundidade, todas as pessoas do seu negócio, você precisa construir uma cultura em que as equipes cuidem uma das outras.

Recomendo que você comece dando o exemplo, e separe um tempo, na sua agenda, para conhecer alguém da sua equipe. Isso pode ser feito durante encontros no café da manhã, no almoço ou no *happy hour.* Nesses momentos, procure não falar exclusivamente de trabalho, mas busque fazer perguntas relacionadas aos sonhos, hobbies e projetos de vida que a pessoa possui. Ao demonstrar interesse genuíno sobre a pessoa, ela não só se sentirá valorizada, mas também terá mais disposição para se abrir e compartilhar seus sentimentos.

Infelizmente, esse cuidado com as pessoas não é encontrado em todos os negócios. O proprietário acha que deve ser servido, ao invés de servir. Ele acha que conversar com colaboradores, visitar clientes, ouvir fornecedores, reunir-se com sócios, estabelecer parcerias e resolver problemas pequenos, implicam perda de tempo ou são atividades que podem ser delegadas.

Enquanto não assumir a posição de legítimo líder de seu negócio, e não se envolver com as pessoas que fazem sua empresa funcionar, você jamais conseguirá se tornar uma figura que inspira os colaboradores, que é amada pelos clientes e que é bem-sucedida em seu mercado de atuação.

COMPROMISSO COM O BEM-ESTAR DE TODOS: demonstro um interesse genuíno pelo bem-estar dos colaboradores, clientes, fornecedores e sócios, agindo com compaixão e empatia em todas as minhas interações?

PERCEPÇÃO DA INSATISFAÇÃO COMO PRÓPRIA: vejo as insatisfações e problemas enfrentados por clientes, colaboradores e parceiros como meus próprios desafios, buscando ativamente soluções para essas questões?

CONSTRUÇÃO DE UMA CULTURA DE CUIDADO: estou trabalhando ativamente para construir uma cultura organizacional onde as equipes cuidam-se mutuamente, promovendo um ambiente de harmonia e companheirismo?

INVESTIMENTO EM RELACIONAMENTOS PESSOAIS: reservo tempo para conhecer pessoalmente os membros da minha equipe e outras partes interessadas, mostrando interesse por seus sonhos, hobbies e projetos de vida fora do trabalho?

LIDERANÇA INSPIRADORA E SERVIDORA: assumo a posição de um líder, que serve ao invés de ser servido, envolvendo-me diretamente nas necessidades e no desenvolvimento das pessoas que fazem parte do meu negócio?

PRINCÍPIO 25
DESCONECTE-SE DO TRABALHO PARA DESPERTAR SUA CRIATIVIDADE

O empreendedorismo se faz pela criatividade, que por sua vez é gerada muitas vezes nos momentos de lazer, ócio e desconexão com o trabalho.

A empresa nasce das ideias que o empreendedor tem para solucionar os problemas do mercado e para atender às necessidades e aos desejos dos clientes. Quanto mais diferenciada for a proposta de valor do negócio, maior será a chance de prosperidade. Ou seja, um atributo essencial que o empreendedor deve ter, é a criatividade. A criatividade é a mola propulsora do empreendedorismo e o melhor aliado de quem precisa resolver os impasses diários da operação da empresa.

E como o empreendedor faz para ser mais criativo? Em primeiro lugar, ele tem que condicionar a mente para estar atenta às ideias que surgem a qualquer momento. Em segundo lugar, o empreendedor tem que compreender que os insights são importantes, não apenas para a criação da empresa, mas para a manutenção, crescimento e sucesso dela. Muitas vezes as melhores ideias são colocadas em prática depois que o empreendimento está funcionando.

Cada profissional tem um jeito de dar vazão à criatividade. Há quem goste de promover sessões de *brainstorming* com a equipe e discutir, incansavelmente, os problemas em grupo. Há quem encontre, no ócio, a inspiração criativa. Há quem tenha ideias, sonhando acordado, dormindo, passeando, lendo, fazendo programas culturais, assistindo aulas e vídeos, praticando exercícios, promovendo atividades de lazer ou até mesmo relaxando. A mente humana é imprevisível e bastante surpreendente.

Comece a levar em consideração que os períodos de férias servem, não só para você descansar o corpo, mas também para esvaziar a mente de tantas preocupações. Costumo sair de férias três vezes ao ano, em períodos de dez dias cada. Talvez você, que empreende, pense que isso não se aplica à sua realidade. Porém, recomendo que você se organize para tornar isso possível. Períodos de descanso farão você ser ainda mais produtivo e capaz de encontrar soluções, que não pareciam existir.

O ideal é cada um compreender o que funciona melhor para si, e promover os eventos que liberam a criatividade. O que o empreendedor não pode fazer, em hipótese alguma, é não se esforçar para gerar boas ideias. Sem soluções novas, viáveis e impactantes para os problemas, um negócio tende a definhar e parar no tempo.

O que faz a sua criatividade brotar? Muitas das minhas ideias já surgiram enquanto eu estava caminhando, dirigindo ou mesmo tomando banho. Descubra e dê vazão às ideias criativas. Elas serão fundamentais para o êxito de seu trabalho, e para a melhor operação da empresa.

ESTÍMULO À CRIATIVIDADE CONSTANTE: estou constantemente atento e aberto para captar ideias inovadoras que surgem espontaneamente, compreendendo que a criatividade é crucial, tanto para o início quanto para a manutenção e crescimento do meu negócio?

ADAPTAÇÃO DE ESTRATÉGIAS CRIATIVAS: identifiquei quais estratégias ou atividades, como *brainstorming*, ócio criativo ou exercícios físicos, efetivamente estimulam minha criatividade e contribuem para a geração de soluções inovadoras?

VALORIZAÇÃO DO DESCANSO E DO ÓCIO: reconheço a importância dos períodos de descanso e ócio para esvaziar a mente e estimular a criatividade? Organizo-me conscientemente para tirar férias e realizar pausas produtivas em minha rotina?

GERAÇÃO DE IDEIAS INOVADORAS: estou me esforçando ativamente para gerar ideias novas, viáveis e impactantes que solucionem problemas e atendam às necessidades do mercado de forma diferenciada?

DESCOBERTA DE FONTES DE INSPIRAÇÃO PESSOAIS: consegui identificar em que momentos, ou atividades, minha criatividade é mais aguçada, seja caminhando, dirigindo ou em momentos de relaxamento, e busco essas fontes de inspiração regularmente para alimentar minha inovação?

PRINCÍPIO 26: CUIDE DE SUA SAÚDE MENTAL

O empreendedor que não estiver equilibrado psicologicamente acaba sucumbindo aos problemas e à pressão do negócio.

Empreender é, normalmente, uma atividade estressante. Só quem teve uma empresa própria tem a noção exata do quão exigente, tenso e difícil é o dia a dia do empreendedor. A adrenalina pela busca obstinada pela excelência, e a pressão de administrar o negócio, muitas vezes, colocam o empreendedor no limite da exaustão mental. Exatamente por isso, é importante cuidar dos aspectos psicológicos. Afinal, do que adianta fazer tudo certo se a nossa cabeça, de uma hora para outra, "pirar" e colocar tudo a perder?

Um dos exercícios mais complicados de quem empreende, é saber lidar com a overdose de emoções contraditórias da jornada de trabalho. Por vezes, somos contagiados pela empolgação de estar no caminho correto e por sentir que as coisas vão dar certo. Em um piscar de olhos, surgem o desânimo com os problemas, a desolação com as reclamações dos clientes e a sensação de que as escolhas que fizemos foram erradas. Aí a cabeça parece "entrar em parafuso".

Não à toa, muitos empreendedores acabam tendo doenças graves como: fadiga crônica, *burnout*, depressão, ansiedade, transtornos alimentares, síndrome do pânico, insônia, alcoolismo, vício em drogas, mudança brusca de humor e surtos violentos. Note que, todos os problemas que listei, são de natureza psíquica, ou foram originadas pelo colapso mental.

Em 2022, eu senti pela primeira vez o que significa ter uma crise de ansiedade. Começou com um esfriamento nos pés e nos braços. No início acreditei que poderia ser eventualmente pressão baixa ou algo do tipo. Fui ao hospital para fazer exames. E quanto mais exames fazia, mais me diziam que eu não tinha nada. Não sei se você já passou por isso, ou conhece alguém que passou, mas, como um bom empreendedor, não saber a causa do meu problema, começou a me deixar com mais ansiedade. Até que descobri que não era algo que poderia ser diagnosticado com exames de sangue, mas sim, por meio de tratamento psiquiátrico. Procurei um psiquiatra, tratei-me e nunca mais tive uma crise. Foi aí que aprendi, da pior forma possível, a necessidade de cuidar da saúde mental.

Para evitar o surgimento desses tipos de males, que são mais comuns do que podemos imaginar, o empreendedor precisa saber despressurizar a cabeça. Ele deve ter momentos para pensar em outras coisas, relaxar e divertir-se. Aí entra a importância de fazer atividades físicas e de ter boa alimentação. É mandatório reservar espaço na agenda para ficar com a família, fazer passeios, tirar férias, ter e manter hobbies, sair com amigos, namorar, entreter-se e aproveitar o final de semana longe do escritório. Para completar, é bom fazer terapia ou ter algum acompanhamento psicológico e/ou psiquiátrico.

Cuidar das emoções e da saúde mental nunca é demais. E por falar nisso, o que você tem feito para manter a sua cabeça saudável e livre de problemas psíquicos?

GERENCIAMENTO DO ESTRESSE EMPREENDEDOR: estou consciente dos níveis de estresse associado ao empreendedorismo, e tenho estratégias eficazes para lidar com a pressão e a exaustão mental que a gestão de um negócio exige?

EQUILÍBRIO EMOCIONAL: estou gerenciando as emoções contraditórias que emergem no dia a dia dos negócios, equilibrando a empolgação pelas vitórias com o desânimo diante dos desafios?

PREVENÇÃO DE PROBLEMAS DE SAÚDE MENTAL: reconheço a importância da saúde mental, e estou tomando medidas preventivas contra condições como ansiedade, depressão e *burnout*, por meio de práticas como terapia ou acompanhamento psicológico e/ou psiquiátrico?

ATIVIDADES DE DESCOMPRESSÃO: tenho incluído, em minha rotina, atividades que me permitem relaxar e me divertir, como exercícios físicos, hobbies, tempo com a família e amigos, para equilibrar o trabalho com o lazer e o cuidado pessoal?

CONSCIÊNCIA SOBRE A SAÚDE MENTAL: após experienciar ou observar problemas de saúde mental, estou mais atento à minha saúde emocional, buscando manter minha mente saudável e livre de transtornos psíquicos?

PRINCÍPIO 27: CONVIVA COM PESSOAS SÁBIAS E EXPERIENTES

Ao frequentar ambientes com grande riqueza e pluralidade cultural e ao interagir com figuras inteligentes, o empreendedor cresce tanto pessoal quanto profissionalmente.

Cotidianamente convivemos com os mais diferentes tipos de pessoas, seja na empresa seja fora dela. Cada indivíduo carrega histórias, experiências, competências, crenças e valores distintos. E, de certa forma, aprendemos algo com todos. Afinal, somos feitos daquilo que herdamos geneticamente dos nossos pais e da nossa interação com o ambiente em que estamos inseridos.

Se você não pode mudar nem seu DNA nem seu passado, você pode, sim, moldar seu futuro a partir das relações que você cria e mantém. A partir desse conceito, aparentemente simples, sempre sugiro aos empreendedores que incluam, em seu hall de amizades e em sua rede de relacionamento, pessoas que sejam mais espertas e inteligentes que ele. Nosso círculo de interação deve ser formado por quem tenha nível cultural superior, diversas experiências de vida e trajetórias profissionais ricas. Ou seja, devem ser figuras com quem realmente valha a pena conviver, que sejam inspiradoras e que possuam elementos a agregar.

Quando seu tempo é escasso, você precisa mapear bem, quem são as pessoas que o enriquecem. É na experiência, sabedoria, profissionalismo, atitude e realização desses indivíduos, em que os empreendedores devem se inspirar e ter como referência. Uma amizade rica e uma interação sadia com profissionais que agregam, tornam o dia a dia do empreendedor mais produtivo e orientado ao resultado. Muitas vezes, a solução daquele problema, que acreditávamos insolúvel, vem da conversa com o amigo com mais sabedoria e experiência.

É comum, muitas pessoas procurarem amizades pelo sentimento de conforto, cuidado e carinho que elas trazem. Normalmente uma amizade começa a ser construída quando você sente que a pessoa é parecida com você, gosta das mesmas coisas e aceita fazer tudo aquilo que você quer. Por muito tempo eu tive amizades assim. No entanto, ao me tornar empreendedor e perceber o tamanho dos desafios que iria enfrentar, comecei a me cercar de pessoas que poderiam me ensinar e tinham algo a agregar, em vez do que pelos sentimentos agradáveis que me traziam. Precisei ouvir muita coisa que eu não gostava, de pessoas que admirava, para que me tornar o empreendedor que sou hoje.

Quando convivemos com personalidades com grande riqueza cultural, com amplo leque de experiências, com uma visão privilegiada da vida e com entendimento dos caminhos do empreendedorismo, ganhamos a sabedoria que nos impulsiona para sermos pessoas e profissionais melhores.

SELEÇÃO DE RELAÇÕES: estou ativamente escolhendo cercar-me de pessoas mais inteligentes e espertas que eu e que possuem um alto nível cultural, experiências de vida diversas e trajetórias profissionais ricas?

INFLUÊNCIA DO CÍRCULO SOCIAL NO CRESCIMENTO PESSOAL: meu círculo de interações está contribuindo positivamente para o meu crescimento pessoal e profissional, oferecendo inspiração, conhecimento e novas perspectivas?

ABERTURA A FEEDBACKS CONSTRUTIVOS: estou aberto a receber *feedbacks*, mesmo que desconfortáveis, de pessoas que admiro e que podem contribuir para o meu desenvolvimento como empreendedor?

PRIORIZAÇÃO DE RELACIONAMENTOS ENRIQUECEDORES: estou priorizando relacionamentos que me enriqueçam em termos de sabedoria, profissionalismo e atitude, em vez de buscar apenas conforto emocional?

APRENDIZADO COM A DIVERSIDADE DE EXPERIÊNCIAS: reconheço a importância de interagir com pessoas que possuem uma riqueza cultural ampla e experiências variadas, e busco aprender com suas visões de vida e conhecimento sobre o empreendedorismo?

PRINCÍPIO 28: PEÇA FEEDBACKS

Peça feedbacks para acelerar seu crescimento e amadurecimento do seu negócio.

Que tal ouvir a opinião das pessoas sobre seu trabalho e sobre o andamento de seu negócio? O empreendedor perspicaz tem a humildade e a inteligência de captar os comentários, as sugestões, as críticas e as ideias de todos que estão ao seu redor, para melhorar e evoluir. É por meio de *feedbacks* frequentes que o profissional consegue resolver problemas, aprimorar qualidades e avançar no desenvolvimento de sua profissão e no amadurecimento de sua empresa.

E como eu faço para receber *feedbacks*? Para começo de conversa, um bom ponto de partida é pedir. Pergunte o que as pessoas acham de algo específico ou sobre temas genéricos. Aí vale questionar todo mundo: clientes, colaboradores, fornecedores, sócios, amigos, familiares. Muitas vezes, os melhores *feedbacks* vêm de indivíduos que você nem imaginava ter tanto conhecimento sobre o negócio ou sobre seu trabalho. Vale a pena, também, consultar profissionais que você admira e estima. Se preferir, tenha um mentor, um *coach* ou conselheiros que possam contribuir para o seu desenvolvimento e do seu negócio.

Para funcionar, sugira que as pessoas sejam sinceras em seus relatos. E as ouça com atenção e legítimo interesse. Há empreendedores que pedem a opinião dos outros, mas não tem paciência, maturidade, humildade e empenho para ouvi-los. Sem a escuta atenta e inteligente, não há feedback de qualidade. A qualidade da avaliação sobre um profissional e sobre uma empresa, está tanto no conteúdo e na forma como as respostas são dadas quanto na maneira como as informações são captadas. Ou seja, uma parte importante da eficiência do *feedback* cabe a quem ouve e, principalmente, ao que será feito com o conteúdo obtido.

Um dos melhores *feedbacks* que recebi foi, também, um dos mais duros. Quando eu ainda tinha 24 anos, um dos clientes da minha empresa de transportes pediu-me uma reunião na operação de Barueri. Durante a reunião, ele falou que nosso atendimento estava péssimo e que, se os caminhões fossem dele, a operação estaria com desempenho muito melhor. Lembro que sai muito chateado do encontro por ouvir o que eu não queria. Mas, na verdade, ele estava certo. A partir daqueles apontamentos, tracei um plano para resolver cada um dos problemas levantados. Mais de dez anos depois, continuamos atendendo esse cliente.

Quando foi a última vez que você pediu feedbacks para as pessoas? E o que você tem feito com todas as avaliações formais e informais que recebe diariamente? Os empreendedores e seus negócios só crescem de maneira substancial, quando o *feedback* se torna uma ferramenta relevante e rotineira. Não há melhor maneira de melhorar e corrigir o trabalho, do que ouvindo a opinião sincera das pessoas.

PROATIVIDADE AO SOLICITAR FEEDBACKS: estou sendo proativo ao solicitar *feedbacks* sobre meu trabalho e o andamento do meu negócio, consultando pessoas mais sábias e experientes?

ABERTURA À DIVERSIDADE DE OPINIÕES: valorizo e busco a diversidade de opiniões, incluindo aquelas de profissionais que admiro, mentores, *coachs* ou conselheiros, para contribuir com meu desenvolvimento profissional e o crescimento do meu negócio?

CAPACIDADE DE ESCUTA ATENTA E CONSTRUTIVA: demonstro paciência, maturidade e humildade para ouvir sinceramente as críticas e sugestões, reconhecendo a importância de uma escuta atenta e construtiva para o aproveitamento eficaz dos *feedbacks*?

AÇÃO BASEADA EM FEEDBACKS: tenho a prática de agir com base nos *feedbacks* recebidos, elaborando planos de ação para resolver problemas apontados e aprimorar aspectos do meu negócio?

VALORIZAÇÃO DO FEEDBACK COMO FERRAMENTA DE CRESCIMENTO: reconheço o *feedback* como uma ferramenta essencial para o crescimento e aprimoramento contínuos, tanto pessoal quanto do meu negócio, e faço dele um uso rotineiro e relevante na minha jornada empreendedora?

PRINCÍPIO 29: FAÇA ATIVIDADES FÍSICAS REGULARMENTE

Com jornadas de trabalho intensas, o empreendedor precisa ter energia, o que pode ser alcançado pela prática constante de exercícios físicos.

Realizar atividades físicas proporciona incontáveis benefícios aos empreendedores. Exercitar o corpo, e mantê-lo em forma, melhora o nível de concentração, o humor, a disposição, a criatividade e a energia do profissional para ele aguentar longas e intensas jornadas de trabalho. Além disso, a prática esportiva ajuda a diminuir os níveis de estresse e tensão, e promove momentos de sociabilização. Não por acaso, o investimento na saúde física aumenta a produtividade. Por outro lado, o descaso com o corpo resulta em mente preguiçosa e um organismo enfraquecido.

Faça atividades físicas regularmente! Escolha os esportes que mais combinam com seus gostos e rotinas, e não deixe de praticá-los. De preferência, tente combinar exercícios musculares com aeróbicos. É igualmente importante fortalecer os músculos e o sistema cardiovascular. Por estar bem oxigenado e energizado, o corpo saudável, e em forma, funciona melhor e produz muito mais.

Se o seu problema for tempo, utilize estratégias alternativas para treinar. Se preciso for, vá à academia na hora do almoço, use partidas de tênis para reunir-se com clientes, faça reuniões caminhando no parque, corra ouvindo notícias ou *audiobooks* e se desloque de casa para o trabalho e do trabalho para casa de bicicleta. Um outro ponto que recomendo a você levar em consideração é contratar um personal trainer. Ter a contribuição de um profissional experiente, e que torna seus treinos ainda mais eficientes, é um excelente investimento, tanto para a sua saúde quanto para a produtividade de seu negócio.

Como normalmente o empreendedor gosta de desafios, considere estipular metas ou patamares que você deseja alcançar ao fazer algum esporte. Por exemplo, conheço empreendedores que têm como objetivo participar do *Iron Man*, uma das competições de triatlo (natação, ciclismo e corrida) mais desafiadoras do mundo. Um desafio como esse pode servir como estímulo e motivação para você treinar e cuidar da saúde.

Quando você coloca a prática de atividade física em sua rotina, ou quando escolhe um desafio que o motive, você sempre encontrará uma maneira de não ficar parado. Aí, as desculpas para o sedentarismo transformam-se em ótimas oportunidades para você agir.

Qual é a sua modalidade esportiva favorita? E o que você tem praticado de exercício recentemente? Além de ótimo para o corpo, fazer esportes é ótimo para que você esteja com a mente saudável.

INTEGRAÇÃO DA ATIVIDADE FÍSICA NA ROTINA: estou integrando atividades físicas, regularmente, em minha rotina para melhorar minha concentração, humor, disposição, criatividade e energia, para enfrentar as exigências do trabalho?

ESCOLHA DE MODALIDADES ESPORTIVAS: escolhi esportes que combinam com meus gostos e rotina, incluindo exercícios musculares e aeróbicos, para fortalecer tanto os músculos quanto o sistema cardiovascular?

ESTRATÉGIAS ALTERNATIVAS PARA PRATICAR EXERCÍCIOS: utilizo estratégias alternativas para encaixar a prática de exercícios em minha agenda, como ir à academia na hora do almoço ou realizar reuniões caminhando, para garantir que mantenho meu corpo ativo?

ESTABELECIMENTO DE DESAFIOS ESPORTIVOS: estabeleci metas esportivas ou desafios, como participar de competições ou alcançar patamares específicos, para me motivar e manter a disciplina nos treinamentos?

PERCEPÇÃO DO IMPACTO DOS ESPORTES NA PRODUTIVIDADE E SAÚDE MENTAL: reconheço os benefícios dos esportes, não apenas para a saúde física, mas também para a saúde mental, e como isso impacta, positivamente, minha produtividade e bem-estar geral?

PRINCÍPIO 30: EXERCITE O AUTOCONHECIMENTO

Para encontrar sentido e leveza no empreendedorismo, o empreendedor deve se conhecer e se entender profundamente.

Empreender é uma atividade profissional bastante exigente. Ter uma empresa própria consome normalmente o corpo, a alma e a mente do empreendedor. Exatamente por isso, é fundamental que ele reserve um tempo na rotina para realizar reflexões sobre os diferentes aspectos da vida e do trabalho. Esse é o momento para pensar no que está funcionando e no que não está funcionando. O que precisa ser corrigido, abandonado, melhorado e retomado? Quais objetivos foram alcançados e o que foi preterido?

Basicamente esse é um processo de autoavaliação ou de autoconhecimento. O autoconhecimento é uma ferramenta que ajuda bastante o empreendedor a fazer as correções de rotas necessárias em seu negócio e em seu mundo particular. As reflexões íntimas permitem que a pessoa se conheça melhor, identifique as fortalezas e fraquezas dela, e exponha os sentimentos, ao menos, para si.

À medida que aumenta a intensidade, o alcance e a frequência das reflexões pessoais, o empreendedor consegue ter um olhar mais calibrado sobre qual caminho seguir e qual evitar. Quando feito sistematicamente e de um jeito correto, o autoconhecimento prepara o empreendedor para todas as etapas da condução de seu negócio.

Por exemplo, gosto de me fazer os seguintes questionamentos: o que aconteceu de melhor nos últimos dias? O que eu poderia ter feito diferente para que a minha semana tivesse melhores resultados ou sido mais produtiva? O que eu aprendi recentemente e o que posso colocar em prática imediatamente?

Responder a essas perguntas diariamente o fará refletir sobre os principais pontos que você pode melhorar, ou nos quais pode se desenvolver. Benjamin Franklin, Napoleon Hill, Marie Curie e Leonardo da Vinci são pessoas que registraram seus pensamentos, aprendizados e reflexões. Esse é um hábito que deve ser adotado pelos empreendedores, ainda mais em um mundo em que recebemos uma overdose de informações por todos os lados. Utilize o autoconhecimento para refletir sobre si, suas atitudes e suas decisões.

Os melhores profissionais sabem separar, semanalmente, uma parte do tempo para refletir sobre o que podem melhorar nos diferentes aspectos da vida. A autoavaliação constante e o autoconhecimento profundo são investimentos que eles utilizam para evoluir como pessoas e profissionais.

PROCESSO DE AUTOAVALIAÇÃO: estou dedicando tempo suficiente para refletir sobre os diferentes aspectos da minha vida e do meu trabalho, identificando o que está funcionando bem, e o que precisa ser melhorado ou abandonado?

IDENTIFICAÇÃO DE FORTALEZAS E FRAQUEZAS: utilizo o autoconhecimento para identificar minhas fortalezas e fraquezas, permitindo-me compreender melhor meus sentimentos, e como eles afetam minhas decisões e atitudes?

REFLEXÕES SISTEMÁTICAS: estou praticando reflexões íntimas, de forma sistemática e frequente, para ter uma visão clara sobre os caminhos a seguir e as rotas a evitar no âmbito pessoal e profissional?

APLICAÇÃO DE APRENDIZADOS RECENTES: consigo identificar e aplicar, imediatamente, o que aprendi recentemente para tornar minha jornada de trabalho mais eficaz, e minha vida mais satisfatória?

INVESTIMENTO EM AUTOCONHECIMENTO: reconheço a importância de separar um tempo regularmente para a autoavaliação e o autoconhecimento, como um meio de evoluir continuamente como pessoa e como profissional?

PRINCÍPIO 31: NÃO DESISTA FACILMENTE DOS SEUS SONHOS

Sonhar grande é o que motiva os empreendedores a seguir em frente com o negócio, mesmo com tantas dificuldades.

A caminhada ao sucesso é sempre árdua. Não importa qual o caminho que se escolhe, nem o nível de competência que se tem nem a época em que se vive. Para se chegar aos mais altos patamares profissionais, será preciso batalhar muito. Se você quer conquistar grandes feitos e deseja ter enorme realizações, saiba que terá que enfrentar muitos desafios (e talvez muitas pessoas) até chegar no local que pretende.

Até atingir os mares prósperos e prazerosos do sucesso empresarial, o empreendedor terá enfrentado várias tempestades assustadoras. As dificuldades são inerentes ao processo. E são tais perrengues que vão colocar os empreendedores à prova desde cedo. Não há motivação melhor para enfrentar tantos dissabores do que a vontade de realizar os sonhos mais íntimos. É justamente a gana por realizar os principais desejos, que não deixará o empreendedor desistir no meio do caminho.

A partir dessa concepção, a criação da empresa deve estar relacionada aos sonhos mais profundos do empreendedor. Do contrário, ele não terá força, disposição, coragem, paciência e resiliência para enfrentar tudo e todos que se opuserem ao êxito do seu negócio. Sem sonhos, a pessoa torna-se presa fácil às adversidades cotidianas. Ao menor sinal de dificuldade, no surgimento do primeiro obstáculo ou no aparecimento de um problema tido como intransponível, o profissional pouco engajado jogará a toalha e desistirá.

Certa vez assisti à entrevista de um dos executivos da One Ten. A empresa tem como propósito criar 1 milhão de empregos de alta qualidade para afro-americanos ao longo de 10 anos. Ainda vivemos em um mundo, onde o preconceito e o racismo estão presentes, infelizmente, no dia a dia de muitas pessoas e em ambientes corporativos. Senti-me extremamente inspirado por essa organização, que escolheu o sonho de ajudar milhares de afro-americanos a conseguirem os empregos que merecem.

Confesso que não consigo vislumbrar empreendedores de sucesso sem grandes sonhos. Uma coisa está relacionada à outra. São os anseios que fazem os empreendedores e suas equipes enfrentarem das pequenas às grandes complicações, que surgem diariamente, e não poupam nenhuma companhia. E são essas vontades íntimas que os mantêm com a inabalável crença mesmo quando tudo conspira para que eles desistam ou entreguem os pontos.

Para saber se você está pronto para realmente empreender, investigue seus sonhos e a intensidade deles.

CLAREZA DOS SONHOS PROFISSIONAIS: estão meus sonhos profissionais claramente definidos e profundamente ligados ao propósito do meu empreendimento, fornecendo a motivação necessária para superar adversidades?

RESILIÊNCIA FRENTE AOS DESAFIOS: possuo a resiliência e a força necessárias para enfrentar os desafios inerentes ao processo empreendedor, mantendo-me firme na busca pelos meus objetivos, mesmo diante de obstáculos significativos?

ENGAJAMENTO COM O PROPÓSITO: o propósito do meu negócio está suficientemente alinhado com os meus sonhos mais íntimos, para me manter engajado, corajoso, paciente e perseverante para lidar com os percalços do caminho?

REAÇÃO A ADVERSIDADES: como reajo diante das dificuldades? Tenho a tendência de desistir, ao enfrentar os primeiros obstáculos ou encontro forças, nos meus sonhos, para superar as adversidades?

INSPIRAÇÃO E ASPIRAÇÕES: como posso aproveitar as histórias da One Ten e de outras organizações que admiro para inspirar e motivar minha equipe a permanecer fiel ao nosso propósito, mesmo diante de desafios?

PRINCÍPIO 32: COMPREENDA O QUE O MERCADO ESTÁ SINALIZANDO

Para se empreender com êxito, é preciso entender as mensagens transmitidas diariamente pelos mais diferentes agentes do mercado.

Uma das características mais fortes do empreendedor de sucesso é ser um excelente intérprete da dinâmica e dos desejos do mercado. E o que seria um intérprete do mercado? É alguém que sabe ouvir o que está sendo dito, consegue enxergar o que está acontecendo, e tem a capacidade de sentir os movimentos dos diferentes agentes setoriais. O empreendedor não precisa ser o sujeito mais inteligente, mais competente e mais bem informado do mundo para construir um negócio de sucesso. Ele só precisa compreender o que está se passando à sua volta. Se ele fizer isso de um jeito rápido e preciso, já sai na frente da maioria dos competidores.

Diariamente o mercado emite sinais. E estes sinais podem ser captados de diferentes maneiras: conversando com clientes, ouvindo fornecedores, negociando com revendedores, lendo notícias setoriais, analisando pesquisas, compreendendo tendências econômicas, vislumbrando novidades sociais, conhecendo lançamentos tecnológicos etc. Uma vez captado esse conjunto grande de informações, o empreendedor precisa usar a inteligência e a experiência para avaliar o mercado.

É a partir dessa avaliação que podemos chegar a conclusões como: é a hora certa de investir nesse setor? O que vai acontecer, nos próximos meses, com a demanda por tais produtos e serviços? Qual será o comportamento dos clientes no futuro próximo? O que os consumidores querem das empresas daqui para frente? As respostas para essas questões não serão dadas por ninguém. O empreendedor precisará encontrá-las sozinho. E ele só terá subsídios e capacidade para fazer esse tipo de reflexão se estiver atento e interessado nos acontecimentos do mercado. Se não tiver olhos atentos, ouvidos apurados e sensibilidade aguçada, não será possível surfar nas ondas que aparecem.

Um belo exemplo disso é o Spotify. A empresa percebeu a mudança no desejo dos consumidores de música: ao invés de comprar produtos físicos, os clientes embarcaram na digitalização. O *streaming* nada mais é do que uma plataforma que oferece conteúdo de áudio e vídeo pela Internet, que permite aos usuários, o consumo em tempo real e sem a necessidade de fazer *downloads*. Outros exemplos são a Netflix, a o Disney + e o Globoplay.

Se você é empreendedor ou quer ser um, saiba ler os sinais emitidos frequentemente pelo mercado. São esses sinais que irão guiar seu negócio em direção à preferência dos clientes, ao aumento das vendas e à obtenção do lucro.

CAPACIDADE DE INTERPRETAÇÃO DO MERCADO: tenho desenvolvido a habilidade de ser um intérprete sagaz do mercado, ouvindo ativamente, observando as tendências, e sentindo os movimentos dos diferentes agentes setoriais?

COLETA E ANÁLISE DE INFORMAÇÕES: estou efetivamente captando sinais do mercado por meio de conversas com clientes, fornecedores, análise de notícias setoriais e tendências econômicas e tecnológicas?

AVALIAÇÃO ESTRATÉGICA DO MERCADO: utilizo inteligência artificial e a experiência adquirida para avaliar as oportunidades de investimento, antecipar demandas futuras de produtos ou serviços, e compreender o comportamento emergente dos consumidores?

IDENTIFICAÇÃO E RESPOSTA A TENDÊNCIAS: estou apto a identificar tendências, como a mudança para produtos digitais e serviços de *streaming*, e a adaptar meu negócio, de forma a atender essas novas demandas dos consumidores?

LEITURA E ATUAÇÃO BASEADA NOS SINAIS DO MERCADO: estou constantemente lendo os sinais emitidos pelo mercado para guiar meu negócio em direção à preferência dos clientes, ao aumento das vendas e à obtenção de lucro?

PRINCÍPIO 33:
VIVA DE ACORDO COM SUA REAL CAPACIDADE FINANCEIRA

Quando o assunto é dinheiro, o empreendedor não pode gastar mais do que deve e nem confundir o bolso pessoal com o bolso da empresa.

Analisando o que se passou com várias empresas que acabaram fechando as portas prematuramente, percebo que nem sempre elas sofriam de grandes problemas operacionais ou graves deficiências financeiras. Em muitos casos, os negócios estavam caminhando bem, tinham previsões de êxito a médio prazo, eram lucrativos ou vivenciavam fases de grande crescimento. O que as levaram a encerrar as atividades foram simplesmente os descaminhos financeiros dos proprietários.

O empreendedor precisa saber diferenciar o bolso pessoal do bolso da empresa. Por mais óbvio que pareça, eles precisam ser tratados como coisas completamente diferentes. Infelizmente, são poucos os empreendedores que têm a consciência e a maturidade para distinguir as contas da pessoa física, das contas da pessoa jurídica. Mas qual o problema de misturar o dinheiro de uma com o de outra? O problema é que as necessidades individuais dos sócios, e das famílias deles, podem arruinar o fluxo de caixa e os planos de investimento da empresa.

Ao ver que o negócio está crescendo, o empreendedor naturalmente sente que precisa aumentar a estrutura física, alocar mais dinheiro para o capital de giro e contratar mais colaboradores. Contudo, ele jamais separou a contabilidade da empresa da sua finança pessoal. Assim, os recursos financeiros que a empresa demanda agora foram transferidos para a troca do carro, a reforma da casa ou a aquisição de um bem para a família. Quando algo assim acontece, nota-se que o empreendedor jamais teve a preocupação de estipular um *prolabore* para si ou uma remuneração fixa por seu trabalho. Ele simplesmente se apropria do lucro e do dinheiro da empresa.

Um caso emblemático desse problema é o de Elizabeth Holmes, conhecida por ser fundadora e ex-CEO da Theranos, empresa norte-americana de biotecnologia. Ela foi condenada por fraude, e por exagerar no que o negócio prometia fazer. Além disso, a executiva desviava fundos da empresa para uso pessoal. Um outro caso famoso de uso do dinheiro da empresa para benefícios pessoais, é de Adam Neuman, fundador do WeWork. Ele chegou a pegar empréstimos em nome da empresa para comprar propriedades e ativos imobiliários para finalidade pessoal.

Por favor, não cometa um erro desse tipo! Viva de acordo com a sua real capacidade financeira, e não utilize os recursos financeiros da sua companhia como se fossem seus. Eles não são! Esse dinheiro é da pessoa jurídica (e não da pessoa física). Cada um tem um bolso e não devemos confundi-los. Assim, tanto você quanto a empresa saberão viver de acordo com as reais condições financeiras de cada um.

DISTINÇÃO ENTRE FINANÇAS PESSOAIS E EMPRESARIAIS: estou claramente separando minhas finanças pessoais das finanças da empresa, tratando-as como entidades completamente distintas?

GESTÃO RESPONSÁVEL DO FLUXO DE CAIXA: tenho consciência da importância de administrar de forma responsável, o fluxo de caixa e os planos de investimento do negócio, evitando comprometer recursos com despesas pessoais?

DEFINIÇÃO DE REMUNERAÇÃO PRÓPRIA: estabeleci uma remuneração coerente com o mercado, com as competências que tenho e com o trabalho que faço, evitando assim a apropriação indevida do lucro da empresa para uso pessoal?

CONSCIÊNCIA DAS CONSEQUÊNCIAS DA MÁ GESTÃO FINANCEIRA: estou ciente dos riscos e das consequências graves de não separar as contas pessoais das contas empresariais, refletido em casos como o da Theranos e da WeWork?

VIVÊNCIA DE ACORDO COM A CAPACIDADE FINANCEIRA: vivo de acordo com minha capacidade financeira real, sem depender indevidamente dos recursos financeiros da empresa?

PRINCÍPIO 34:
USE A ANSIEDADE A SEU FAVOR

A inquietude do empreendedor impulsiona a empresa a crescer e a ganhar musculatura mais rapidamente.

A ansiedade não é necessariamente algo ruim no universo do empreendedorismo, desde que o empreendedor saiba utilizá-la a favor de si e em prol do crescimento sustentável da empresa. Entre as muitas definições que podemos ter, prefiro enxergar a ansiedade como a preocupação excessiva e o medo persistente por algo que ainda não aconteceu. Sei que essa explicação é singela e superficial, mas ela já ajuda no debate.

O lado perverso da ansiedade é quando ela paralisa a pessoa (que diante do medo não consegue mais agir nem reagir), provoca perturbações físicas e mentais (batimentos cardíacos acelerados e/ou desritmados, respiração e suor excessivos, cansaço físico e dificuldade de raciocínio) e afeta o poder de decisão (de tão preocupado, o indivíduo não tem o discernimento de escolher os melhores caminhos).

Por outro lado, a ansiedade, quando bem administrada, pode ser algo positivo. Ela faz parte do impulso de querer empreender. A alma transformadora do empreendedor é, muitas vezes, guiada pela preocupação com construir algo de valor, e pelo medo de não começar o negócio próprio o quanto antes. Em geral, o ser humano tende a procrastinar. Decisões importantes ou grandes realizações são postergadas para a próxima semana, para o mês seguinte ou para o outro ano. É nessa hora que entra a ansiedade como fator benéfico. É ela que dará sentido de urgência para que ele realize seus planos aqui e agora.

Mark Cuban, empreendedor, investidor e personalidade da TV nos Estados Unidos, já deu diversas entrevistas relatando as dificuldades dele de lidar com a ansiedade. Mas vivenciar a ansiedade deu a ele vários ensinamentos que eu gostaria de compartilhar com você: aceite que ninguém é perfeito e que ter momentos de ansiedade é normal; pratique meditação e *mindfulness* para manter a calma em situações de alta pressão; e aprenda a dizer não e a escolher poucas coisas que realmente lhe trarão grandes resultados. Sua mente será extremamente grata a você por isso.

Confesso que conheço diversos empreendedores de sucesso que são bastante ansiosos. Porém, essa característica, que pode atrapalhar em muitos momentos, parece ser usada por eles de um jeito que os leva a agir, a trabalhar e a priorizar o que é importante para os seus empreendimentos. Na minha visão, não existe negócio próspero sem que o empreendedor e a equipe de colaboradores tenham alguma dose de ansiedade. Aprenda a administrá-la e utilize-a a seu favor.

GESTÃO DA ANSIEDADE: estou conseguindo gerenciar a ansiedade, de forma que ela se torne um impulso positivo para a realização dos meus planos de negócios, em vez de permitir que ela me paralise ou afete negativamente minhas decisões?

USO CONSTRUTIVO DA ANSIEDADE: reconheço a ansiedade como um elemento que pode adicionar um sentido de urgência aos meus objetivos empreendedores, ajudando-me a evitar a procrastinação?

PRÁTICAS DE REDUÇÃO DE ESTRESSE: adotei práticas, como meditação e *mindfulness*, para ajudar a manter a calma e o foco em situações de alta pressão, conforme sugerido por empreendedores experientes, como Mark Cuban?

HABILIDADE EM DIZER NÃO: aprendi a dizer não e a focar em atividades que verdadeiramente impactam positivamente o crescimento sustentável do meu negócio, evitando a dispersão de esforços?

ACEITAÇÃO E USO DA ANSIEDADE PARA O SUCESSO: aceito que sentir ansiedade é normal, e estou aprendendo a utilizá-la a meu favor, reconhecendo-a como uma parte integrante do processo empreendedor que, quando bem administrada, contribui para o sucesso do negócio?

PRINCÍPIO 35: SAIBA RECONHECER AS PESSOAS QUE NÃO AGREGAM AO NEGÓCIO

Distinguir os profissionais que contribuem positivamente dos que atrapalham a empresa é função do empreendedor.

O empreendedor deve reconhecer quais são as pessoas que contribuem positiva e negativamente para a operação e crescimento do negócio. Quando o assunto é gestão de pessoas, entender quem é quem, é uma habilidade que requer atenção, maturidade, competências interpessoais, inteligência emocional e coragem.

É comum, no dia a dia da empresa, o empreendedor inexperiente e, por vezes, ingênuo, acabar confundindo as coisas ou encantando-se com a pessoa errada. Aí ele vê o indivíduo divertido, extremamente simpático (e visivelmente bajulador) como uma pessoa agregadora. E enxerga na pessoa inconformada com os equívocos operacionais e com o mau atendimento prestado aos clientes como alguém desagradável e chato. A questão que fica é: para a empresa, quem é mais relevante, o simpático/bajulador ou o exigente/crítico?

E, em muitos casos, escolher a pessoa errada e, ainda, demorar para tomar uma decisão, pode trazer consequências catastróficas. Veja o exemplo da contratação de Ron Johnson pela J.C. Penney, uma das maiores redes varejistas norte-americanas. Johnson trouxe seu ex-colega da Apple, Michael Kramer, para liderar a estratégia de preços da companhia. Eles implementaram mudanças radicais nos valores cobrados pela J.C. Penney: eliminaram descontos e promoções em favor de preços diariamente baixos. No entanto, essa estratégia não funcionou, e o resultado foi uma queda acentuada nas vendas. Essa, e outras decisões erradas, levaram a empresa a pedir recuperação judicial.

Um negócio só vai para frente, se tiver as pessoas certas, comprometidas, bem treinadas, motivadas e dedicadas à missão, visão e valores da companhia. E não estou me referindo apenas aos colaboradores. Eles são apenas uma parte importante do negócio. Ainda existem os sócios, fornecedores e parceiros comerciais. No caso específico das empresas familiares, os parentes e os amigos dos empreendedores podem ser incluídos nesse grupo. Uma pessoa errada, no lugar errado, e que permanece por bastante tempo nessa posição, pode destruir um negócio.

Em toda empresa sempre há quem trabalha a favor e quem trabalha contra o sucesso do empreendimento, de maneira intencional ou não. Ignorar essa característica do comportamento humano é fechar os olhos para uma função primordial do empreendedor. Quando o tema é gente, o empreendedor não pode delegar tarefas de qualquer jeito nem postergar decisões difíceis. Muitas vezes, as dificuldades de um negócio estão mais relacionadas com a visão deturpada do empreendedor - que não consegue identificar quem contribui e quem atrapalha, do que com os fundamentos básicos do negócio.

Agora me responda de maneira sincera: você sabe quem é quem na sua empresa? Consegue escolher as pessoas certas, e demitir quem o prejudica?

IDENTIFICAÇÃO DE CONTRIBUIÇÕES POSITIVAS E NEGATIVAS: estou capacitado para discernir, efetivamente, entre as pessoas que contribuem positivamente e aquelas que impactam negativamente o crescimento e a operação do meu negócio?

AVALIAÇÃO DE COMPETÊNCIAS INTERPESSOAIS: possuo as competências interpessoais, inteligência emocional, e a maturidade necessárias para tomar decisões assertivas sobre as pessoas que andam comigo?

DECISÕES BASEADAS EM VALOR REAL: consigo ver além da simpatia superficial e reconhecer o valor real dos colaboradores com base nas contribuições efetivas deles para a empresa, seja por meio do questionamento crítico ou do comprometimento com a qualidade?

GESTÃO DE PESSOAS-CHAVE: estou atento à importância de escolher as pessoas certas para posições-chave, reconhecendo que uma má escolha pode ter consequências severas para o negócio, como demonstrado pelo caso da J.C. Penney?

AÇÃO E CORAGEM PARA DECISÕES DIFÍCEIS: tenho a coragem e a prontidão para tomar decisões difíceis relacionadas a pessoas, sejam colaboradores, sócios, fornecedores ou parceiros comerciais, para garantir o alinhamento com a missão, visão e valores da empresa?

PRINCÍPIO 36: RESPEITE A OPINIÃO DOS CLIENTES

O empreendedor próspero ouve as exigências dos consumidores, enquanto o empreendedor arrogante não escuta seus clientes.

Acho curiosa a atitude de muitos empreendedores. Eles são tão empolgados com a empresa, com os produtos e serviços e com a oferta de valor que se transformam em verdadeiros embaixadores dos próprios negócios. Misturando-se nos papéis de garotos-propaganda, influenciadores e vendedores, os empreendedores, com esse perfil, trabalham fundamentalmente para convencer os consumidores das vantagens de suas propostas comerciais. Até aí não há nada de errado. Uma das funções de quem comanda uma companhia, é torná-la atrativa ao mercado. Então, eles têm é que pegar mesmo o megafone e comunicar seu trabalho aos quatro ventos.

O problema é que, em muitos casos, na ânsia de querer se vender, o empreendedor acaba se esquecendo de ouvir o que as pessoas têm a dizer sobre os produtos e serviços dele. De tão preocupado que está, com falar bem do negócio e do portfólio, ele não consegue captar os sinais negativos que chegam. Quando escuta algo que o desagrada, em vez de reformular as bases de empreendimento, algo mais indicado para alguém que deseja atender aos desejos e aos interesses dos clientes, ele reformula o discurso, sem mexer na essência do que está sendo ofertado.

Repare se você não está cometendo esse tipo de erro. Uma das diferenças mais marcantes entre o empreendedor bem-sucedido e o frustrado é que, o primeiro tem a capacidade inata de ouvir as exigências dos consumidores, interpretar quais devem ser atendidas e quais devem ser ignoradas, oferecendo aquilo que vai fidelizar o cliente ao negócio. O segundo preocupa-se exclusivamente em convencer a clientela do discurso dele, independentemente do que ela estiver sinalizando.

Em vários episódios de Shark Tank, *game show* que mostra empreendedores apresentando ideias de negócios a potenciais investidores, assistimos a participantes obcecados por suas propostas de produtos: escova de dente sabor bacon, travesseiro em que dá para guardar cueca, vinho para gatos, meia com três pares, entre outros absurdos. Eles não estudaram os clientes o suficiente. Pouco ou nada interagiram com eles e criaram suas "inovações" a partir de suposições de sua cabeça.

Repito: não há nada de errado em ser convincente e persuasivo, principalmente quando você sabe o que o consumidor precisa comprar, mesmo sem ele ter ciência. O problema está em nem ouvir a voz dos clientes nem entender qual o desejo por trás das palavras deles. Para o sucesso do negócio, é fundamental organizar as engrenagens da empresa para atender as vontades dos consumidores, em vez de fazer o que é mais importante para o ego do empreendedor.

Qual o seu perfil de empreendedor: o que sabe se moldar para atender adequadamente ao mercado, ou o que insiste em vender algo sem se preocupar com a necessidade genuína dos consumidores?

EQUILÍBRIO ENTRE FALAR E OUVIR: estou encontrando o equilíbrio certo entre, promover minha empresa e seus produtos/serviços, e ouvir ativamente o *feedback* dos consumidores sobre o que eles realmente querem e precisam?

RECEPTIVIDADE AO FEEDBACK NEGATIVO: como reajo ao receber *feedback* negativo? Vejo isso como uma oportunidade para adaptar e melhorar minha oferta, ou tendo a ignorar críticas e focar apenas em reforçar meu discurso de venda?

CAPACIDADE DE ADAPTAÇÃO: estou disposto a adaptar meu negócio com base nas demandas e nos desejos dos consumidores, mesmo que isso signifique reformular aspectos fundamentais da minha proposta de valor?

DISCERNIMENTO NAS RESPOSTAS AOS CONSUMIDORES: possuo a capacidade de discernir, quais exigências dos consumidores devem ser atendidas e quais podem ser ignoradas, com o objetivo de fidelizar clientes ao meu negócio?

FOCO NO DESEJO DO CLIENTE VERSUS EGO DO EMPREENDEDOR: meu foco está em organizar as operações da empresa para atender às vontades dos consumidores, em vez de priorizar o que é importante para meu ego como proprietário?

PRINCÍPIO 37: DINHEIRO É LIBERDADE

O empreendedor só consegue realizar os sonhos pessoais, familiares e profissionais quando adquire a independência financeira.

Já adianto que, para mim, independência financeira não é você ter dinheiro. Para atingir a independência financeira, você precisa tanto obter os conhecimentos necessários para administrar seu dinheiro quanto adotar as atitudes certas para que ele se perpetue e cresça ao longo do tempo. Veja, por exemplo o caso do ganhador da Mega Sena (loteria brasileira) Renne Senna. Em 2005, ele ganhou um prêmio de 52 milhões de reais. Sem possuir uma educação financeira que desse a ele uma real independência, Senna gastou todo o dinheiro em festas, carros de luxo, casas e empréstimo para amigos e familiares.

O empreendedorismo é uma excelente forma de se conquistar a independência financeira. Isso, porque ninguém se torna um empreendedor de sucesso sem saber como administrar as próprias finanças. Ao empreender, você se torna obrigado a saber cuidar do seu dinheiro e fazê-lo crescer, passando a ter condições de usufruir de uma vida que antes parecia impossível.

O dinheiro conquistado pelo empreendedor confere vários tipos de liberdade. A primeira é proporcionar uma vida mais confortável para a família. A segurança de se ter uma vida tranquila, e de alto padrão traz tranquilidade ao profissional, que pode se concentrar na profissão dele. Na sequência, é possível realizar vários sonhos pessoais que a boa remuneração pode conceder. É possível, também, contribuir para causas sociais e ajudar mais pessoas. Ou seja, o empreendedor tem liberdade para fazer o que deseja e o que acredita. O dinheiro, neste caso, é a ferramenta que lhe confere poder de ação e de realização.

Normalmente, um empreendedor competente e bem-sucedido ganha mais dinheiro como dono do próprio negócio, do que se fosse um funcionário. Afinal, se ele trabalhasse de maneira exitosa e produtiva para alguém, o patrão dele possivelmente ganharia mais que ele. Esse é justamente um dos grandes benefícios de empreender: a empresa lucrativa tem potencial para gerar um ganho financeiro ao empreendedor muito superior aos salários concedidos aos colaboradores. E tudo bem se você não deseja empreender, seja pela falta de interesse, pelo risco envolvido ou pela falta de habilidade, mas saiba que você está deixando de lado uma vida cheia de possibilidades.

Por fim, o empreendedor de sucesso possui maior liberdade no âmbito profissional. Ao liderar a própria empresa, e ter recursos financeiros para investir, ele consegue colocar em prática, mais ideias e projetos. Além disso, o empreendedor é o responsável por garantir se o que está sendo feito sob seu comando está respeitando os valores, as crenças e os princípios por ele propagados. Em suma, empreender é uma excelente maneira de se conquistar dinheiro, que, por sua vez, traz junto liberdade. Liberdade não, liberdades! Até porque, são várias conquistas e possibilidades que a independência financeira traz consigo.

COMPREENSÃO DA INDEPENDÊNCIA FINANCEIRA: entendo que a independência financeira vai além de simplesmente possuir dinheiro e ela também envolve os conhecimentos necessários para administrar meus recursos financeiros e adotar atitudes corretas para sua perpetuação?

GESTÃO FINANCEIRA NO EMPREENDEDORISMO: estou aplicando práticas de gestão financeira eficazes em meu empreendimento para assegurar, não apenas o crescimento do negócio, mas também minha independência financeira pessoal?

USO DO DINHEIRO PARA LIBERDADE E REALIZAÇÃO: utilizo os recursos financeiros adquiridos por meio do meu negócio para proporcionar uma vida mais confortável para mim e minha família, realizar sonhos pessoais, contribuir para causas sociais e exercer liberdade em minhas ações e decisões?

COMPARAÇÃO DE GANHOS ENTRE EMPREENDER E SER EMPREGADO: reconheço que, como empreendedor, tenho o potencial de gerar um retorno financeiro significativamente maior do que seria possível como funcionário, aproveitando as vantagens de ser dono do meu próprio negócio?

LIBERDADE PROFISSIONAL E PESSOAL: como empreendedor, estou exercendo minha liberdade profissional e pessoal para implementar ideias e projetos, e garantir que as operações do meu negócio estejam alinhadas com meus valores, crenças e princípios?

PRINCÍPIO 38: NÃO ESPERE TER LUCRO RAPIDAMENTE

O empreendedor deve respeitar o período de maturação do negócio e o tempo necessário até torná-lo rentável.

Conversando com os empreendedores no dia a dia, noto que um equívoco muito comum, é achar que o negócio recém-iniciado, ou na iminência de começar as operações, será instantaneamente lucrativo. Não entendo essa necessidade abrupta por resultados, se a jornada é a parte mais prazerosa de empreender, pelo menos para mim. E creio que, um dia, você vai entender melhor o que quero dizer. Além dos apressados por resultados positivos, ainda existem os ingênuos, que acham que é fácil empreender. E já imaginou como seria um ingênuo apressado? O fato objetivo é que, uma empresa tradicionalmente leva tempo até ter lucros consistentes.

Um bom exemplo disso é Adam Neumann, cofundador e ex-CEO da WeWork. Ele tinha uma visão extremamente agressiva e ambiciosa para o seu negócio. Com plena convicção de que a empresa seria lucrativa a longo prazo, o executivo tomou decisões financeiramente inconsistentes. Ele estimulava a empresa a crescer muito rapidamente e a investir valores expressivos na sua expansão. Todo negócio precisa de tempo para amadurecer e gerar lucro. Ao ignorar esse princípio, Neumann levou a WeWork a uma situação financeira desastrosa se comparada ao seu potencial.

Alguém pode pensar: "O que você está falando é óbvio demais!" Se muitos sabem, por que, ainda assim, a maioria dos empreendedores quebra em menos de 2 anos? Gosto de questionar os empreendedores sobre os reais motivos que os levam a montar uma empresa. Isso ajuda a entender o tempo de duração de um negócio. Há quem queira somente ganhar dinheiro, ou satisfazer interesses pessoais, ou sentir-se dono de algo, ou falar sobre seus êxitos profissionais aos outros. Tudo bem querer ganhar dinheiro. Acredito que todo empreendedor precisa gostar disso, também. Mas aqueles só querem isso e não possuem um compromisso a longo prazo com o negócio acabam gastando os recursos que deveriam ser reinvestidos na empresa.

Uma empresa dificilmente dá lucro logo de cara. Se você não tiver uma reserva preparada para utilizar para seus gastos pessoais, você passará por sérias dificuldades nos primeiros meses de operação da empresa. O ideal é você ter reservas financeiras tanto para o seu negócio quanto para sua vida particular. Porque, uma vez deficitário no início, o empreendimento precisará de novos aportes de recursos. Isso sem falar do capital de giro necessário para a operação. Tenha recursos disponíveis para segurar, ao menos, seis meses das despesas totais do seu negócio. Não espere ter lucro rapidamente.

Respeite o período natural de maturação do negócio e não queira o extorquir com suas necessidades pessoais e familiares.

EXPECTATIVAS REALISTAS DE LUCRATIVIDADE: estou mantendo expectativas realistas sobre a lucratividade do meu negócio recém-iniciado, compreendendo que o sucesso financeiro leva tempo e paciência para ser alcançado?

ENTENDIMENTO DO TEMPO DE MATURAÇÃO DO NEGÓCIO: reconheço a importância de respeitar o período natural de maturação do meu empreendimento, evitando pressioná-lo por resultados imediatos que podem comprometer sua sustentabilidade financeira?

PREPARAÇÃO PARA DESPESAS INICIAIS: preparei reservas financeiras suficientes para cobrir as despesas pessoais e do negócio nos primeiros meses de operação, sabendo que o empreendimento pode não ser imediatamente lucrativo?

MOTIVAÇÕES PARA EMPREENDER: refleti profundamente sobre as verdadeiras motivações que me levaram a empreender, buscando garantir que não estejam baseadas apenas no desejo imediato de ganhos financeiros?

GESTÃO FINANCEIRA E PLANEJAMENTO: estou praticando uma gestão financeira prudente, e um planejamento que consideram a necessidade de reinvestimento no negócio e a preservação do capital de giro necessário para sua operação?

PRINCÍPIO 39: ACOMPANHE SUA SAÚDE COM ATENÇÃO

Pensando na longevidade de seu negócio, não negligencie os exames médicos regulares nem os check-ups periódicos.

Empreender é uma atividade profissional que exige bastante da saúde. A rotina diária do empreendedor é feita normalmente de expedientes exaustivos e jornadas intermináveis. A tensão típica da operação da empresa, as preocupações para que tudo dê certo, as negociações com os fornecedores, os problemas com os produtos e serviços, o atendimento aos clientes, e a administração dos colaboradores cobram naturalmente um preço do empreendedor. Impossível ficar imune a tanta carga de adrenalina e estresse no trabalho.

Quem comanda, ou já comandou, uma empresa, sabe o quanto a saúde é exigida. Dessa maneira, é fundamental o cuidado permanente com o corpo. O empreendedor deve realizar exames médicos periódicos e visitar constantemente o seu médico. O cuidado deve ser preventivo: não espere algo dar errado para depois tomar uma atitude. Por mais óbvias que sejam tais orientações, infelizmente, poucas pessoas as seguem na prática. Não queira saber o que é uma crise de ansiedade para, somente, depois cuidar da sua saúde.

Vale a pena dar uma pausa na correria diária para realizar as consultas médicas. Se o seu físico e o seu organismo não estiverem bem, dificilmente você terá um desempenho máximo no trabalho. E é exatamente por isso que o sucesso da sua empresa depende, sim, do cuidado permanente que você deve ter com sua saúde.

Ben Horowitz, cofundador da investidora de capital de risco Andreessen Horowitz e empreendedor da área tecnológica, compartilhou, no livro *The Hard Thing About Hard Things,* as estratégias que ele usa para cuidar da saúde. Veja algumas delas: autoconhecimento; procurar ajuda profissional como terapia; equilibrar vida pessoal e profissional; participar de uma comunidade de empreendedores que apoiem uns aos outros; e tomar decisões difíceis para preservar a saúde.

Existem pessoas que têm normalmente uma preocupação maior com a saúde. Elas visitam mais os médicos, fazem mais exames e assumem uma postura proativa em relação aos cuidados com o corpo. Isso é muito importante, e deveria ser seguido por todos. Contudo, quando o negócio próprio começa a ganhar um ritmo mais acelerado e exigir demais dos empreendedores, aí o descaso com a saúde se torna corriqueiro, independente do sexo, idade, classe social, raça e crenças religiosas. Infelizmente, poucos empreendedores se cuidam como deveriam.

Se esse for o seu caso, só tenho uma coisa a dizer: em prol do sucesso e da longevidade do seu negócio, não negligencie sua saúde. Cuide dela agora mesmo!

PRIORIZAÇÃO DA SAÚDE: estou priorizando minha saúde tanto quanto o sucesso do meu negócio, compreendendo que a capacidade de gerenciar efetivamente a empresa, depende do meu bem-estar físico e mental?

PRÁTICAS DE CUIDADO PREVENTIVO: adoto práticas de cuidado preventivo para minha saúde, realizando exames médicos regulares, *check-ups* periódicos e consultas médicas, mesmo antes de sintomas ou problemas surgirem?

EQUILÍBRIO ENTRE VIDA PESSOAL E PROFISSIONAL: estou buscando um equilíbrio saudável entre minha vida pessoal e profissional, para evitar o esgotamento e manter minha saúde física e mental?

BUSCA POR APOIO PROFISSIONAL E COMUNIDADE: procuro apoio profissional, como terapia, e participo de comunidades de empreendedores que oferecem suporte mútuo, conforme sugerido por Ben Horowitz e outros empreendedores bem-sucedidos?

MANUTENÇÃO DO CUIDADO COM A SAÚDE EM TEMPOS DE ALTA DEMANDA DO NEGÓCIO: consigo manter o cuidado com minha saúde, mesmo quando meu negócio exige demais de mim, evitando cair no descaso?

PRINCÍPIO 40: TENHA HOBBIES

O profissional que possui atividades apaixonantes fora do trabalho consegue se revitalizar e enriquecer culturalmente.

Empreender pode levar o empreendedor a promover um mergulho profundo no negócio. Muitas vezes, ele acaba passando quase a totalidade dos dias, e uma boa parte das noites, no trabalho. Não é raro a necessidade de alongar o expediente para os finais de semana e feriados. Se essa imersão profissional se faz obrigatória dependendo da fase evolutiva da empresa, ela também cobrará, mais tarde, um preço amargo. Com o tempo, o empreendedor focado única e exclusivamente na carreira torna-se uma pessoa monotemática, antissocial e árida culturalmente. Paradoxalmente, essa característica traz prejuízos, não apenas para a vida pessoal e familiar, mas também para sua profissão.

Um líder que mantém atividades extraprofissionais interessantes e apaixonantes acaba se transformando, naturalmente, em uma figura mais criativa, carismática, produtiva e inspiradora. E não há nada melhor, para isso do que ter hobbies. Repare que quase todos os empreendedores de sucesso possuem algum tipo de entretenimento fora do escritório. Há quem seja apaixonado por música, culinária, esportes, literatura, carros, corridas, filantropia, ações ambientais, cinema, teatro etc. E por mais que o empreendedor tenha que estar sempre atento ao negócio, é fundamental que se dedique a algum hobby.

Quando mergulha em outros assuntos, o empreendedor consegue revitalizar-se e adquirir novos conhecimentos, que poderão ser usados mais tarde no trabalho. Ao fazer uma atividade prazerosa, relaxante e rica culturalmente, fora da carreira principal, a pessoa consegue, a curto prazo, desestressar-se, reenergizar-se e capacitar-se com novas habilidades. Ou seja, a prática regular do hobby é, ao mesmo tempo, uma ação de saúde física e mental, e um excelente exercício de concentração, memória, raciocínio e criatividade.

Sempre tive curiosidade para saber quais eram os hobbies que os empreendedores possuem. E se você possui essa mesma curiosidade, seguem alguns destes hobbies e que você pode adotar: tênis (Jorge Paulo Lemann), corrida (Abilio Diniz), surf (Flavio Augusto), mergulho (Camila Farani), leitura (Bill Gates), culinária (Oprah Winfrey) e música (Warren Buffett).

Não pense que o empreendedor com uma rotina ativa e rica fora do trabalho esteja só interessado em alimentar as redes sociais com imagens e fatos de dar inveja ao público. Tudo bem compartilhar com a rede aquilo que lhe traz felicidade ou prazer. Muitos empreendedores acham que não merecem ter tempo livre para si ou para a família. Viver momentos divertidos vai ajudar os outros empreendedores a entenderem que a excelência do trabalho também está relacionada ao quão versátil, abundante, desafiante e apaixonante é o hobby. Pense nisso!

EQUILÍBRIO ENTRE TRABALHO E HOBBIES: eu consigo equilibrar meu tempo entre o trabalho e hobbies ou atividades extraprofissionais que me apaixonam?

DIVERSIFICAÇÃO E ENRIQUECIMENTO PESSOAL: meus hobbies me ajudam a me tornar uma pessoa mais criativa, carismática, produtiva e inspiradora, dentro e fora do ambiente profissional?

CONTRIBUIÇÃO DOS HOBBIES PARA O TRABALHO: eu percebo que os conhecimentos e habilidades adquiridos por meio dos meus hobbies, têm um impacto positivo no meu trabalho e na minha capacidade de inovar e resolver problemas?

DESENVOLVIMENTO DE HABILIDADES POR MEIO DE HOBBIES: meus hobbies me oferecem oportunidades para desestressar, reenergizar e desenvolver novas habilidades, como concentração, memória, raciocínio e criatividade?

VISÃO SOBRE TEMPO LIVRE E FAMÍLIA: eu valorizo e me permito ter tempo livre para mim e para minha família, entendendo que viver momentos divertidos e enriquecedores fora do trabalho é fundamental para a excelência profissional?

PRINCÍPIO 41: TENHA BOAS NOITES DE SONO

Visando a produtividade e o melhor desempenho físico e cognitivo, o empreendedor não deve subestimar o descanso do corpo e as horas de repouso da mente.

Diante da crescente demanda profissional, e sem tempo para cuidar dos assuntos pessoais e familiares após abrir o negócio próprio, o empreendedor tem uma ideia aparentemente genial: dormir menos do que está acostumado. Ao reduzir as horas de sono à noite e, por consequência, aumentar as horas úteis diárias, as chances de ele conseguir dar vazão às obrigações cotidianas elevam-se substancialmente. Pelo menos é o que o empreendedor ingenuamente crê. Atire o primeiro boleto quem nunca cogitou essa possiblidade!

Onde estaria o erro desse raciocínio? Ao conferir menos tempo de descanso para o corpo e com o período de sono abreviado, a tendência do organismo é tornar-se menos produtivo. Os desempenhos físico e cognitivo do profissional desabam. O poder de concentração se reduz. O humor, a criatividade e a disposição também apresentam índices inferiores. Ou seja, o empreendedor até fica mais tempo acordado e em atividade, mas seu dia rende muito menos. Tudo bem se você é o tipo de pessoa que precisa de poucas horas de sono, a questão aqui é dormir o suficiente para não prejudicar a sua saúde.

Ao notar que as demandas na empresa, e fora dela, aumentam ainda mais, já que ele não consegue atendê-las, qual a decisão que o empreendedor toma, então? Claro: dormir e repousar ainda menos. Para completar, consomem bastante café, bebidas energéticas e todo tipo de produto (inclusive medicamentos tarja preta) para que fiquem o máximo de tempo focados. Infelizmente, eles não percebem que, ao abreviar ainda mais o período de descanso e sono, acabam entrando em uma espiral de improdutividade.

Arianna Huffington, jornalista, empresária e escritora nascida na Grécia e que vive há 40 anos nos Estados Unidos, compartilhou sua experiência pessoal sobre a redução das horas de sono. Ela acreditava que dormir menos era a maneira mais fácil para trabalhar mais e ser mais produtiva. No entanto, a nova rotina a levou a ter um incidente em 2007. Huffington desmaiou de exaustão, bateu a cabeça e sofreu uma concussão. Esse episódio a fez repensar sua abordagem em relação ao sono e à produtividade. A partir daí, ela tornou-se uma defensora ativa do sono de qualidade e do equilíbrio entre trabalho e vida pessoal. Arianna Huffington fundou o movimento The Sleep Revolution, que busca conscientizar as pessoas sobre a importância do sono para a saúde e para o sucesso.

Para que você não corra riscos sérios de saúde ou chegue abruptamente à exaustão, tenha boas noites de sono. Respeite a fase de descanso do corpo e da mente. Se você dorme pouco ou dorme mal, já chega cansado fisicamente e mentalmente ao trabalho. Ou seja, nunca alcançará o seu máximo potencial.

AUTOAVALIAÇÃO DO SONO: estou dando prioridade suficiente ao meu sono, garantindo que durmo o suficiente para manter minha saúde física e mental em dia?

CONSCIÊNCIA DA PRODUTIVIDADE: reconheço que reduzir o tempo de sono pode comprometer minha produtividade, desempenho físico, cognitivo e habilidades criativas no trabalho?

RECONHECIMENTO DOS SINAIS DE ALERTA: estou atento aos sinais de exaustão e falta de sono, como redução do poder de concentração, humor alterado e queda na disposição?

APRENDIZADO COM EXPERIÊNCIAS: estou disposto a aprender com exemplos como o de Arianna Huffington, e reconhecer a importância do sono para a minha saúde e sucesso profissional?

COMPROMISSO COM O EQUILÍBRIO: estou comprometido em manter um equilíbrio saudável entre o trabalho e o descanso, garantindo que eu tenha as noites de sono necessárias para um desempenho eficaz?

PRINCÍPIO 42: TRABALHE DO JEITO CORRETO

Entre fazer as coisas da maneira certa e fazer as coisas da maneira errada, faça sempre o certo.

Não quero dar lição de moral a ninguém. A questão em pauta aqui é exclusivamente o que é melhor para o negócio. E o melhor para ele é você, como empreendedor, seguir o caminho certo. Sempre! E o que seria fazer o caminho certo? Basicamente significa fazer algo que esteja alinhado aos seus princípios e valores. De maneira prática, é fazer-se as seguintes perguntas: "Após tomar essa decisão, vou conseguir colocar a cabeça no travesseiro e dormir?"; "Se meus pais, minha família ou meus filhos soubessem que tomei essa decisão, eles teriam orgulho ou vergonha de mim?"; e "Essa decisão que estou tomando vai prejudicar alguém?".

Perguntas como essas vão ajudá-lo a decidir qual caminho escolher. Não existe uma receita de bolo. No final das contas o importante é você sentir paz com as decisões tomadas. Em minha vida empreendedora já me deparei com diversas situações difíceis e com decisões delicadas para tomar. O caminho que sempre escolhi foi aquele que aumentava a admiração que as pessoas tinham por mim. Conquistar a admiração das pessoas envolve tomar decisões difíceis e às vezes impopulares, mas que, lá na frente, se mostram benéficas ao negócio.

Uma coisa eu lhe garanto: não tome decisões erradas, achando que as pessoas não vão saber. Um negócio construído por caminhos equivocados vai ruir, simplesmente porque todo empreendimento é feito de pessoas. E ninguém que tenha bons princípios e valores suporta permanecer numa empresa que tenha um ambiente fincado em atitudes questionáveis. Chegará um momento em que o peso das escolhas equivocadas não vai aguentar aquilo que foi edificado. É possível que isso demore um dia, uma semana, um mês, um ano ou dez anos. Mas a queda virá. Pode ser até que tudo não caia exatamente em cima de você, mas vai cair em cima de alguém. Tenha certeza disso! Quanto mais a empresa crescer, maiores serão as chances de ela ruir, se as bases de construção dela mostrarem-se frágeis e problemáticas.

Fazer tudo corretamente em um empreendimento não é garantia de sucesso. A opção pelo caminho certo dá mais trabalho, custa mais dinheiro e requer mais dedicação. Contudo, a médio e longo prazos, esse caminho se mostra invariavelmente mais sustentável, seguro e tranquilo. Suas noites de sono serão muito melhores. Não existe negócio de sucesso e duradouro que tenha sido erguido com bases fracas.

Sabendo disso, se você quiser ter uma empresa que dure muito tempo, pense nas decisões empresariais que vai tomar no presente. A curto prazo, você até pode encontrar um atalho que facilite as coisas para si e para o negócio. A questão é se esse atalho não vai se transformar rapidamente em um caminho "indigesto", pantanoso e recheado de armadilhas amanhã. Portanto, faça tudo certo em seu negócio e cobre de todos da sua equipe que façam o mesmo.

REFLEXÃO SOBRE O IMPACTO DAS DECISÕES: antes de tomar uma decisão, eu me questiono se serei capaz de dormir tranquilamente à noite, sabendo que escolhi esse caminho?

AVALIAÇÃO DO IMPACTO FAMILIAR E SOCIAL: ao fazer uma escolha empresarial, considero se minha família teria orgulho ou vergonha das decisões que estou prestes a tomar, bem como se minha decisão poderia afetar outras pessoas de forma negativa?

RESPONSABILIDADE SOBRE CONSEQUÊNCIAS: antes de agir, pergunto-me se minha decisão poderá prejudicar alguém, direta ou indiretamente, demonstrando preocupação com as implicações éticas e morais de minhas ações?

INTEGRIDADE E VALORES EMPRESARIAIS: estou comprometido em tomar decisões alinhadas aos meus princípios e valores, mesmo que isso signifique enfrentar dificuldades, ou adotar medidas impopulares?

PLANEJAMENTO PARA A LONGEVIDADE DO NEGÓCIO: priorizo uma abordagem sustentável e segura em minhas decisões, sempre considerando os impactos a longo prazo para garantir o sucesso duradouro e a viabilidade contínua da minha empresa?

PRINCÍPIO 43: TRABALHE COM PLANEJAMENTO

O empreendedor que se planeja está mais preparado do que aquele que não planeja nada.

Muitos empreendedores parecem nutrir certa antipatia pela fase do planejamento do negócio. Eu também poderia usar outras expressões mais fortes para descrever esse sentimento: aversão, repulsão, ojeriza ou nojo. Sinceramente, sempre foi difícil para que eu entendesse essa dificuldade de grande parte dos empreendedores em esboçar os planos estratégicos das empresas. Sem um mapa do que fazer e para onde ir, o trabalho diário torna-se mais difícil e nebuloso.

Talvez a resistência em se planejar seja uma consequência da dinâmica prática do empreendedorismo. Com várias pequenas decisões precisando ser tomadas a todo instante, com muitas atividades operacionais sendo exigidas e com um milhão de coisas acontecendo simultaneamente, os profissionais parecem não ter tempo para se planejar. Na visão de muitos, parar para refletir sobre o que será feito dali em diante, é desperdício de energia e horas de trabalho, que poderiam ser consumidas melhor em algo mais prático e efetivo.

Com a velocidade com que os mercados estão mudando, as empresas precisaram encontrar formas mais precisas e ágeis de se planejar. Dois métodos amplamente utilizados são o Business Model Canvas e o Lean Canvas. Desenvolvido por Ash Maurya, o Lean Canvas é uma adaptação do Business Model Canvas, que foca especificamente as necessidades e os desafios enfrentados por *startups* em estágios iniciais. Algumas questões que essa metodologia traz são: identificação dos problemas e suas soluções, métricas-chave, vantagem única de canais, segmento de clientes, custos, receita e atividades-chave. Existem diversas formas para se planejar, o que não pode é existir desculpas para não se fazer.

É importante dizer que o empreendedor precisa se planejar minimamente. Mas ele não deve gastar semanas e mais semanas esboçando tudo o que fará, nem deve produzir documentos com várias páginas detalhando ação por ação. Ter um planejamento mínimo prevenirá vários problemas: insatisfação dos clientes, falhas operacionais, altos índices de retrabalho, desorganização nas rotinas diárias, processos de trabalho mal definidos, falta de clareza na proposta de valor, prejuízos financeiros etc.

O empreendedor não pode ficar só planejando e não agir efetivamente. Por outro lado, ele não pode agir sem qualquer tipo de plano. As duas atitudes, radicalmente opostas, são igualmente temerárias. O ideal é, a partir de um plano mínimo, agir. E a partir das ações, rever regularmente o planejamento. Se o empreendedor não souber se planejar, seu empreendimento dificilmente conseguirá encontrar o caminho do sucesso.

REFLEXÃO SOBRE O PLANEJAMENTO: quando surge a necessidade de planejar estrategicamente o meu negócio, eu sinto resistência ou hesitação em dedicar tempo para essa atividade?

PERCEPÇÃO DO VALOR DO PLANEJAMENTO: eu considero o planejamento uma perda de tempo, e prefiro dedicar esforços apenas para ações práticas e operacionais, sem um plano estruturado?

USO DE METODOLOGIAS ÁGEIS: estou familiarizado(a) com metodologias de planejamento, como o Business Model Canvas ou o Lean Canvas, e as utilizo para estruturar o planejamento do meu negócio?

EQUILÍBRIO ENTRE PLANEJAMENTO E AÇÃO: eu consigo encontrar um equilíbrio saudável entre o tempo dedicado ao planejamento e a ação efetiva, evitando cair nos extremos de planejar demais sem agir ou de agir sem um plano mínimo?

REVISÃO E AJUSTE DE PLANOS: regularmente, eu reviso e ajusto os planos do meu negócio com base nos resultados alcançados e nas lições aprendidas com as ações implementadas?

FASE III – CAMINHO

QUAIS SÃO OS PRINCÍPIOS IMPORTANTES NA FASE DE PLANEJAMENTO E ESTRUTURAÇÃO DO NEGÓCIO?

Não foi por acaso que o último capítulo da segunda parte de *Princípios que ajudam o empreendedor a se conhecer melhor e que ampliam o seu potencial* tenha sido sobre a importância do planejamento. Uma empresa bem-sucedida possui invariavelmente a dinâmica de trabalho, o modelo de produto e serviço e a rota de crescimento traçados previamente, seja na cabeça do proprietário, seja em um plano de negócios formal. O empreendedor não pode se eximir da responsabilidade de estruturar os elementos estratégicos da companhia. Se ele não tomar a frente no que se refere ao planejamento, estará em um barco à deriva no meio do mar tempestuoso do empreendedorismo.

Uma vez que você compreendeu a importância do ato de se planejar, a terceira parte de *101 Princípios Essenciais do Empreendedorismo* vai voltar-se para essa delicada (e, por vezes, renegada) fase do negócio. Vamos agora discutir em detalhes o planejamento, a estruturação e as estratégias da empresa. Quero ajudar justamente a moldar seu trabalho como líder, gestor e, acima de tudo, como alguém que construirá um negócio bem-sucedido e valioso. Minha proposta é apresentar uma série de resoluções práticas para quem está iniciando a construção do empreendimento próprio.

Afinal, não adianta nada seguir integralmente os *10 Princípios que guiam os primeiros passos de um empreendedor e os 33 Princípios que ajudam o empreendedor a se conhecer melhor e que ampliam o seu potencial*, se você se descuidar na hora do planejamento. No mundo dos negócios, o crescimento de uma organização se dá pelo casamento entre o suor do trabalho prático da equipe e a inteligência da liderança em aproveitar as oportunidades de mercado.

Conheça, a seguir, os *27 Princípios importantes na fase de planejamento e estruturação do negócio*, que serão debatidos com mais profundidade e individualmente nos próximos capítulos:

PRINCÍPIO 44: Tenha uma estratégia clara.

PRINCÍPIO 45: Defina a sociedade pela razão e não pela emoção.

PRINCÍPIO 46: Estipule previamente as funções e as responsabilidades dos sócios.

PRINCÍPIO 47: Estabeleça como será a remuneração dos proprietários.

PRINCÍPIO 48: Tenha sócios que agreguem.

PRINCÍPIO 49: Planejar é trabalhar.

PRINCÍPIO 50: Tome decisões a partir de pesquisas e dados de mercado.

PRINCÍPIO 51: Tenha um plano financeiro.

PRINCÍPIO 52: Reserve recursos para o capital de giro.

PRINCÍPIO 53: Comece pequeno, mas tenha grandes ambições.

PRINCÍPIO 54: Invista no desenvolvimento dos produtos e serviços.

PRINCÍPIO 55: Não despreze os aspectos legais do negócio.

PRINCÍPIO 56: Recorra sempre a profissionais qualificados.

PRINCÍPIO 57: Defina o propósito do seu negócio.

PRINCÍPIO 58: Aja de forma profissional.

PRINCÍPIO 59: Ancore a empresa nas oportunidades de mercado.

PRINCÍPIO 60: Tenha foco.

PRINCÍPIO 61: Trabalhe com o conceito do Mínimo Produto Viável (MVP).

PRINCÍPIO 62: Invista no que você já sabe.

PRINCÍPIO 63: Contrate profissionais melhores do que você.

PRINCÍPIO 64: Valide seu planejamento com outras pessoas.

PRINCÍPIO 65: Conheça o passado, entenda o presente e anteveja o futuro.

PRINCÍPIO 66: Abuse da criatividade e inove sempre.

PRINCÍPIO 67: Comece atuando pelos nichos de mercado.

PRINCÍPIO 68: Cuide bem da sua marca.

PRINCÍPIO 69: Invista no treinamento do seu time.

PRINCÍPIO 70: Não descuide do desenvolvimento dos processos.

PRINCÍPIO 44: TENHA UMA ESTRATÉGIA CLARA

Para vencer no mundo dos negócios, um campeonato normalmente disputadíssimo, tenha uma boa estratégia.

Uma estratégia clara é o que vai ajudar o empreendedor a decidir o que fazer, onde concentrar a energia e como alocar os recursos. É fundamental que ele tenha clareza de como está o negócio, para onde ele o quer levar, e traçar um plano para que alcance os objetivos, de tal forma, que seja a primeira escolha dos clientes em relação à concorrência. Uma boa estratégia deve ser capaz de atrair novos clientes, gerar receitas frequentes e fidelizar o mercado, para que queiram constantemente comprar dele. Escolher uma estratégia definirá como será o seu posicionamento no mercado.

Existem diversas estratégias que podem ser adotadas. Seguem alguns exemplos para que sirvam de inspiração: Estratégia de Liderança em Custo (Walmart), Estratégia de Diferenciação (Apple), Estratégia de Nicho (Red Bull), Estratégia de Inovação (Tesla) e Estratégia de Fusões e Aquisições (Disney). Mais do que ter um melhor desempenho, uma empresa precisa ter uma boa estratégia. Veja por exemplo os casos da Apple e da Microsoft.

Na década de 1980, a Microsoft desenvolveu o sistema operacional MS-DOS e, posteriormente, o Windows, enquanto a Apple estava focada no sistema Macintosh (Mac). Embora o Mac fosse reconhecido por seu design inovador e usabilidade amigável, a Microsoft adotou uma estratégia diferente. A Microsoft permitiu que outras fabricantes de computadores usassem o sistema operacional Windows em seus PCs, criando um ecossistema mais aberto. Isso resultou em uma adoção mais ampla do Windows pelo mercado. A estratégia da Microsoft, que focava na criação de um sistema operacional amplamente disponível e compatível com uma variedade de *hardwares* de terceiros, acabou prevalecendo. Apesar de a

Apple ter tido desempenho sólido em termos de design e inovação, a estratégia mais fechada da empresa limitou seu alcance no mercado de PCs.

No final, a Microsoft ganhou uma parcela significativa do mercado de sistemas operacionais para PCs e tornou-se uma das empresas de tecnologia mais valiosas do mundo, enquanto a Apple enfrentou dificuldades financeiras no final dos anos 1990. No entanto, a Apple passou por uma transformação sob a liderança de Steve Jobs e, com o lançamento do iPod, iPhone e iPad, recuperou sua posição como líder inovadora no mercado de tecnologia.

Lembre-se desse caso quando você for montar a estratégia da sua empresa. Não adianta ter muito dinheiro, investir em instalações de nível mundial, contratar as mais talentosas pessoas e possuir produtos extremamente inovadores. Sem a elaboração de uma boa estratégia e uma alta capacidade de execução, que faça a roda da companhia girar com excelência, seu empreendimento pode sucumbir.

CLAREZA DA ESTRATÉGIA: eu tenho uma visão clara de onde quero que meu negócio esteja no futuro, e possuo uma estratégia definida para alcançar esse objetivo, diferenciando-me dos concorrentes?

DECISÕES BASEADAS EM ESTRATÉGIA: quando tomo decisões importantes sobre o meu negócio, estou guiado por minha estratégia claramente definida, focando no que realmente importa para o crescimento sustentável?

ATRAÇÃO E FIDELIZAÇÃO DE CLIENTES: minha estratégia atual é eficaz para atrair novos clientes, gerar receitas de forma consistente e fidelizar o mercado, incentivando-os a preferir meus produtos ou serviços continuamente?

POSICIONAMENTO NO MERCADO: estou consciente de como quero que meu negócio seja percebido no mercado? Eu tomei decisões estratégicas conscientes sobre se vou competir com base em custo, diferenciação, nicho de mercado, inovação ou fusões e aquisições?

AVALIAÇÃO E AJUSTE DA ESTRATÉGIA: regularmente eu reviso e ajusto minha estratégia com base nas mudanças do mercado, no comportamento dos clientes e nos resultados alcançados, garantindo que meu negócio permaneça relevante e competitivo?

PRINCÍPIO 45: DEFINA A SOCIEDADE PELA RAZÃO E NÃO PELA EMOÇÃO

Mais importante do que as afinidades pessoais, a parceria empresarial exige compatibilidade de valores, propósitos e expectativas.

Na hora de montar a empresa, vários empreendedores logo pensam em chamar para a sociedade o melhor amigo ou aquele familiar com quem sempre tiveram uma boa relação. Acreditam que é impossível as coisas darem errado ao fazer negócio com pessoas com as quais já têm um ótimo relacionamento. Mas será mesmo que devemos escolher sócios somente pela afinidade pessoal, sem considerar outros critérios?

Minha resposta é não! Não construa uma sociedade apenas pelos critérios emocionais e pela proximidade pessoal. O ideal é colocar a razão à frente do processo decisório. Lembre-se: uma empresa de sucesso é constituída por excelentes práticas profissionais. E quando encaramos o trabalho com o olhar mais racional, outros aspectos ganham importância. Mais relevante do que a amizade ou a proximidade pessoal entre os sócios, é a compatibilidade de valores e princípios.

Veja se a pessoa com quem você quer se unir possui as mesmas crenças e os valores que você tem. Confira se ela encara a empresa da mesma maneira, e se terá o mesmo nível de disponibilidade e compromisso com o trabalho que você. Um dos principais motivos de brigas entre os sócios (e por consequência, de desunião empresarial) é a descoberta, no meio do empreendimento, que eles têm valores e propósitos distintos. Um quer uma coisa e o outro quer outra. Um acha importante tal aspecto e outro ignora completamente. Quando princípios morais, visões de negócio e desejos pessoais entram em choque, nem mesmo os vínculos familiares e as amizades de longa data resistem ao terremoto emocional entre os sócios.

Tive uma sociedade que terminou precocemente, pois estávamos desalinhados em relação aos momentos de vida. Enquanto eu estava disposto a fazer sacrifícios, a curto prazo, em prol de ter um negócio sólido, que ajudasse a minha família a longo prazo, meu sócio não tinha a mesma disposição. No estágio de vida em que ele se encontrava, não havia a menor possibilidade de ele se mudar para a cidade onde a empresa estava sediada. Enquanto o negócio era pequeno, conseguimos nos adaptar e trabalhar à distância. Mas com o crescimento, não foi mais possível.

Por isso, escolha bem com quem você quer fazer sociedade, não só pensando no que você precisa de um sócio hoje, mas o quanto ele poderá ser importante no futuro. É fundamental estarmos ao lado de alguém com quem compartilhamos sonhos, valores e objetivos profissionais, do que estarmos simplesmente com alguém que tão somente apreciamos ou gostamos de partilhar as horas de lazer.

REFLEXÃO SOBRE VALORES E PROPÓSITOS COMPARTILHADOS: eu avaliei, profundamente, se meus potenciais sócios compartilham os mesmos valores fundamentais e objetivos de longo prazo para o negócio, que eu tenho?

ANÁLISE DA VISÃO DE NEGÓCIOS: estou certo de que minha visão, de como a empresa deve operar e crescer, está alinhada com a visão do meu potencial sócio? Conseguiremos trabalhar juntos de forma eficaz e harmoniosa para atingir a mesma visão?

AVALIAÇÃO DO COMPROMETIMENTO: eu considerei, cuidadosamente, se meu potencial sócio está tão disposto, quanto eu, a fazer os sacrifícios necessários para garantir o sucesso do nosso negócio?

CONSIDERAÇÃO SOBRE ADAPTAÇÃO E CRESCIMENTO: tenho refletido sobre como eu e meu potencial sócio lidamos com mudanças e desafios inesperados, e se podemos nos adaptar e crescer juntos diante das adversidades?

COMPATIBILIDADE DE ESTÁGIOS DE VIDA E EXPECTATIVAS FUTURAS: eu analisei, se as expectativas atuais do meu potencial sócio, são compatíveis com as minhas, de forma a não prejudicar o desenvolvimento da empresa no futuro?

PRINCÍPIO 46:
ESTIPULE PREVIAMENTE AS FUNÇÕES E AS RESPONSABILIDADES DOS SÓCIOS

Não abra o negócio sem definir o que cada parte da sociedade empresarial fará e não fará no dia a dia da organização.

Há um ditado antigo e curto de que gosto muito: o combinado não sai caro. Segundo esse provérbio, quando as pessoas definem o que será feito, a chance de surgirem confusões, brigas e desentendimentos diminui sensivelmente. Afinal, boa parte das frustrações aparece pelas indefinições do que será feito, como será feito e por quem será feito. Essa máxima vale para os empreendedores que estão planejando um negócio próprio. Acordar previamente cada detalhe do projeto, principalmente em que envolver a sociedade, é fundamental para o êxito da empresa.

Pode até parecer improvável, mas muitos empreendedores se esquecem de combinar, com os sócios, a divisão de responsabilidades e a definição das funções na organização. Acreditam que isso não é necessário, ou que podem decidir com o passar dos dias. Aí, quando a empresa começa a operar, aparecem conflitos envolvendo disputas de poder, egos e melindres. É um tal de “essa é minha área e ninguém se mete nela”, “sou eu quem manda aqui e meus sócios não têm nada com isso”, “esse problema não é meu, é do fulano” e “quem o ciclano pensa que é para decidir algo assim?”. Não são poucos os casos em que vi isso acontecer.

Para evitar confusões e mal-entendidos, que só minam as forças da empresa, e a desviam do crescimento saudável, defina, o quanto antes, os cargos e as responsabilidades de cada sócio. Quando o negócio tem dois ou mais donos, é fundamental estipular o que cada um fará e o que cada um não fará.

Mas como posso fazer isso de uma maneira prática e simples? Existem quatro áreas que toda empresa deve possuir: Vendas, Marketing, Operações e Financeiro. Ao montar uma sociedade, procure por sócios que tragam experiências, conhecimentos e habilidades nessas quatro áreas. É fundamental que cada sócio tenha clareza do que fazer, e quais resultados entregar. Isso vai ajudá-lo a medir o seu desempenho e dos demais sócios. E, eventualmente, servirá para que você decida se deseja ou não continuar na sociedade.

Conheci uma empresa em que um dos proprietários reclamava que o outro não fazia nada. Quando conferi o outro lado da história, ouvi que ele fora apenas o investidor e que não participaria do dia a dia do negócio. Para minha perplexidade, as duas partes da sociedade não tinham acertado previamente como seria a divisão de tarefas e as funções de cada um. Muitas vezes, o papel do sócio investidor é só mesmo aplicar o dinheiro. Em outras oportunidades, o conhecimento e experiência dele podem ser fundamentais para a dinâmica organizacional. Porém, isso tudo precisa ser acertado antes da abertura das portas. Afinal, o combinado não sai caro!

IMPORTÂNCIA DA DEFINIÇÃO ANTECIPADA: como eu avalio a importância de acordar previamente, com os sócios, a divisão de responsabilidades e funções na empresa, para evitar conflitos futuros?

RISCOS DA INDEFINIÇÃO: quais são os principais riscos e consequências que eu vejo em não definir claramente os cargos e responsabilidades de cada sócio desde o início do empreendimento?

ÁREAS ESSENCIAIS DE UMA EMPRESA: como eu enxergo a importância de identificar e atribuir responsabilidades nas áreas de vendas, marketing, operações e financeiro a cada sócio na sociedade?

MEDIÇÃO DE DESEMPENHO: de que forma a definição clara de responsabilidades contribui, na minha visão, para medir o desempenho de cada sócio e da empresa como um todo?

EXPERIÊNCIAS E APRENDIZADOS: eu já tive alguma experiência em sociedades empresariais, onde a falta de definição de responsabilidades causou conflitos ou problemas operacionais? Como essa situação influenciou minhas decisões futuras?

PRINCÍPIO 47: ESTABELEÇA COMO SERÁ A REMUNERAÇÃO DOS SÓCIOS

Os empreendedores precisam alinhar as premissas e as regras de sua remuneração.

Mais indelicado do que testemunhar os sócios discutindo pelo que devem ou não fazer em uma empresa, é vê-los brigando pela remuneração, pelo rateio dos lucros, ou pela necessidade de novos investimentos. Quando o assunto é dinheiro, o clima pode ficar tão tenso e provocar brigas ruidosas, que levam ao término da sociedade (e, por vezes, até da amizade). Com raras exceções, quando esse tipo de conflito aparece, tenha a certeza de que uma parte importante do planejamento do negócio não foi feito ou foi realizado de maneira muito precária.

É na fase que antecede a abertura da empresa que se devem definir os detalhes financeiros específicos dos sócios. Quanto cada empreendedor investirá? Qual será a parcela de cada um na sociedade? Como será feita a remuneração dos sócios? Eles receberão pró-labore ou não? Quem terá direito ao pró-labore? Os sócios investidores receberão algum tipo de remuneração periódica? Como será o pagamento aos proprietários enquanto a empresa não for lucrativa? Uma vez que se obtenha lucro, qual será a parcela que vai para o pagamento de dividendos e qual a parcela que será reinvestida na organização? Quando for necessária uma nova rodada de investimentos para sustentar o crescimento do negócio, e aumentar o capital de giro, como será esse aporte? Se o negócio for vendido, quais serão as regras para a divisão do pagamento entre os sócios e os detalhes práticos do fim da sociedade?

Eu mesmo já tive diversas discussões com sócios por causa da remuneração. O motivo? Falta de clareza nas regras que seguiríamos. Não existe uma receita de bolo ou uma fórmula mágica, mas o que funcionou, para mim e meus sócios, foi que contratamos uma consultoria de RH. Ela fez uma pesquisa salarial para os cargos que ocupávamos. Para tal, considerou as responsabilidades que cada um tinha (aí está mais um ponto importante para que isso seja bem definido), as competências exigidas pelos cargos, o tamanho da empresa e a situação do mercado de trabalho. Ao usarmos critérios claros e lógicos, as discussões desapareceram.

Esses aspectos são fundamentais para o sucesso do empreendimento de tal forma, que, hoje em dia, antes mesmo de investir em um novo negócio ou fazer uma nova sociedade, já discuto as premissas e critérios de remuneração. Isso até me ajuda a entender o nível de alinhamento entre mim e meus potenciais sócios. Fazer isso enquanto a sociedade não se concretizou, é muito melhor.

ESTABELECIMENTO DE ACORDOS FINANCEIROS: antes de iniciar um negócio com sócios, eu me certifico de estabelecer, com clareza, os detalhes financeiros, como investimentos iniciais, distribuição de lucros, remuneração dos sócios e possíveis reinvestimentos?

PREVENÇÃO DE CONFLITOS FINANCEIROS: eu reconheço a importância de definir antecipadamente as regras financeiras da empresa para evitar conflitos, entre sócios, relacionados à remuneração, distribuição de lucros e investimentos futuros?

CONSULTORIA ESPECIALIZADA EM RH: eu considero a contratação de consultoria especializada em remuneração de executivos para estabelecer critérios claros e justos de remuneração, com base nas responsabilidades e competências de cada sócio?

EXPERIÊNCIAS ANTERIORES COM CONFLITOS: eu já tive experiências passadas em que discussões com sócios, sobre remuneração, surgiram devido à falta de clareza nas regras financeiras da empresa? Eu saberia lidar com uma situação como essa novamente ou mesmo pela primeira vez?

NEGOCIAÇÃO PRÉVIA DOS TERMOS FINANCEIROS: antes de formalizar uma sociedade ou investimento, eu discuto, previamente, os termos e critérios de remuneração, para garantir um alinhamento adequado entre os sócios?

PRINCÍPIO 48: TENHA SÓCIOS QUE AGREGUEM

O ideal é unir-se a pessoas com conhecimentos, experiências e capacidades complementares.

Já vimos a importância de os empreendedores dividirem os mesmos valores e propósitos com os sócios. Então quer dizer que, achando alguém com princípios, visões empresariais e propostas de negócios parecidos aos nossos, devemos assinar logo os papéis e formalizar a sociedade? Sinto desapontar as almas mais ansiosas, mas minha resposta é negativa. Outro aspecto fundamental para a prosperidade e longevidade da empresa é a complementaridade de conhecimentos, características e habilidades entre os empreendedores.

Pense bem: o que seu negócio ganha em ter dois (três, quatro ou mais) sócios com as mesmas competências profissionais? Pouco. Agora imagine o ganho coletivo quando os proprietários têm aptidões, qualidades e conhecimentos distintos? Quanto mais diferentes e complementares forem as características, as experiências, os perfis e as áreas de conhecimento dos sócios, melhor será para a sociedade.

Importante considerar que, para que o negócio continue crescendo e prosperando, é necessário, não só olhar para as capacidades atuais, mas também entender o potencial de desenvolvimento de novas habilidades de cada sócio. Quanto mais complementares forem o conhecimento e experiências das pessoas que participam da sociedade, maior será seu potencial. Ter potencial significa que algo ou alguém possui qualidades, habilidades ou características que podem ser desenvolvidas e aprimoradas. Empresas com sócios que se completam, possuem bem mais potencial do que negócios com sócios que se sobrepõem.

Normal encontrar empreendimentos em que um sócio tem perfil mais comercial e o outro mais administrativo; um profissional possui habilidade na gestão de pessoas e outro é melhor na gestão financeira; um dono tem mais facilidade no atendimento aos clientes e o outro no desenvolvimento dos produtos e nos processos internos; e um empreendedor é excelente negociante e o outro é ótimo na motivação da equipe. O problema existe quando um sócio é bom em diversas coisas e outro não contribui com quase nada.

Repare que, em um cenário em que ambos contribuem, as atividades fluem melhor e o "cobertor não fica curto", algo que acontece quando os empreendedores sabem o que fazer e conseguem estar sempre agregando. Você, como empreendedor, não precisa saber tudo e não necessita ter todas as habilidades para administrar o negócio. Mas você deve se preocupar em arranjar parceiros que contribuam com a empresa. O ideal é que seu sócio (ou sócios) atue bem em áreas em que você tem mais dificuldade e que o ajudem ainda ser melhor naquilo que você já faz bem.

Nunca se esqueça dessa regra básica ao montar um negócio: os valores e propósitos devem ser os mais parecidos possíveis entre os sócios; mas os conhecimentos, experiências e capacidades devem ser os mais diferentes e complementares possíveis.

COMPLEMENTARIDADE DE CONHECIMENTOS E HABILIDADES: antes de formalizar uma sociedade empresarial, eu considero se os sócios possuem conhecimentos, habilidades e características complementares, que possam agregar valor ao negócio de maneira diversificada?

POTENCIAL DE DESENVOLVIMENTO: eu avalio, não apenas as habilidades atuais dos sócios, mas também seu potencial de desenvolvimento e capacidade de adquirir novas competências ao longo do tempo?

DIVERSIDADE DE PERFIL E EXPERIÊNCIA: eu priorizo a diversidade de perfis e experiências entre os sócios, buscando combinar diferentes habilidades, como gestão comercial, administrativa, financeira, atendimento ao cliente, entre outras?

FLUIDEZ NAS ATIVIDADES EMPRESARIAIS: eu reconheço que a complementaridade de habilidades entre os sócios contribui para a fluidez das atividades empresariais, e evita que o "cobertor fique curto", ou seja, que haja lacunas na gestão do negócio?

REGRA BÁSICA PARA MONTAR UM NEGÓCIO: na minha estratégia de formação de sociedade, eu priorizo a semelhança nos valores e propósitos, mas busco diversidade e complementaridade nos conhecimentos, experiências e habilidades dos sócios?

PRINCÍPIO 49: PLANEJAR É TRABALHAR

O empreendedor precisa segurar a ansiedade de começar a operação da empresa de qualquer jeito e deve investir esforços na construção do plano de negócios.

Sempre que falo da importância do planejamento e da lista interminável de atividades exigidas na fase prévia do negócio, vejo a ansiedade nos olhos dos empreendedores. Alguns não se seguram e desabafam: "E quando é que vamos começar a empreender de fato?" Fico indignado quando ouço esse tipo de comentário. E quem disse que planejar uma empresa não é empreender? O sucesso dos negócios aumenta consideravelmente com um plano bem-feito, aliado a uma excelente execução.

Entendo a indignação dos empreendedores. Eles já querem ver a coisa acontecendo: a empresa operando, os produtos e serviços sendo vendidos, os clientes aumentando e o dinheiro entrando no caixa. O problema é que, se você não fizer um ótimo planejamento do seu negócio, o índice de retrabalho depois será elevadíssimo e o gasto de tempo e recursos será enorme. Por isso, não veja o planejamento como uma fase de enrolação ou de mera formalidade da rotina empreendedora. Planejar é trabalhar, e exige muito esforço e dedicação! E o resultado do quão bem-feita ela foi realizada, influenciará o sucesso do negócio.

A Juicero foi uma companhia que produzia máquinas que espremiam frutas e vegetais. Ela ganhou destaque por seu inovador e tecnológico sistema, que gerava sucos a partir da prensa a frio. A empresa foi fundada por Doug Evans em San Francisco, Califórnia, em 2013. Diversos foram os fatores, que a levaram a fracassar. A maioria dos problemas deveria ter sido resolvida antes mesmo da abertura do negócio: falta de valor duradouro das máquinas produzidas, vistas como caras e limitadas; comunicação falha da proposta de valor; e, aí está o ponto mais crítico, o desinteresse dos consumidores, que perceberam que poderiam espremer os pacotes de frutas com as mãos, sem a necessidade da máquina da empresa.

Agora, imagine um exemplo relacionado ao seu dia a dia. Digamos que você queira abrir uma cafeteria. Pense na quantidade de atividades prévias que esse tipo de empreendimento exige: estudo do mercado de cafeterias; verificação do que está sendo feito pela concorrência; avaliação se é melhor recorrer a uma rede de franquia ou ter uma marca própria; análise das opções de franchising; verificação dos melhores pontos comerciais; consulta dos imóveis para alugar ou comprar nas regiões selecionadas; procura por bons fornecedores; criação do cardápio; desenvolvimento do layout do estabelecimento; pesquisa do perfil de colaboradores que seu negócio exige.

Se você tiver na mente a importância de fazer muitos estudos, pesquisas, e, realizar um trabalho intenso, você já começará da maneira certa.

PERSPECTIVA SOBRE O PLANEJAMENTO EMPRESARIAL: eu reconheço o planejamento como parte integrante do empreendedorismo, entendendo que uma empresa bem-sucedida é construída sobre alicerces sólidos com um plano bem elaborado?

PLANEJAMENTO COMO TRABALHO EFETIVO: eu encaro o planejamento como uma forma de trabalho ativo e dedicado, compreendendo que sua excelência impacta diretamente no sucesso futuro do empreendimento?

PLANEJAMENTO ABRANGENTE E EFICAZ: eu entendo que a falta de um planejamento abrangente e eficaz pode levar ao fracasso de uma empresa, mesmo com uma ideia inovadora?

ATIVIDADES PRÉVIAS NA ABERTURA DE UM NEGÓCIO: eu reconheço a extensa lista de tarefas prévias necessárias para abrir um negócio, como a pesquisa de mercado, seleção de fornecedores, criação de um cardápio, entre outras?

IMPORTÂNCIA DO TRABALHO INTENSO: eu entendo que o sucesso de um empreendimento está diretamente ligado à intensidade e qualidade do trabalho realizado na fase de planejamento, preparando-me para enfrentar esse desafio com determinação e foco?

PRINCÍPIO 50: TOME DECISÕES A PARTIR DE PESQUISAS E DADOS DE MERCADO

O êxito da empresa passa pelas escolhas feitas com base nas informações e nos conhecimentos obtidos no mercado.

Um dos erros mais graves que os empreendedores cometem é tomar decisões sem bases estatísticas, sem informações de mercado, sem dados do setor em que querem atuar, e sem ouvir a opinião dos consumidores. Empreender sem conhecimento é trabalhar no escuro. Em vez de recorrer apenas ao *feeling*, à intuição e às vontades pessoais, os empreendedores devem se guiar-se por pesquisas. Um bom planejamento é consequência de uma investigação bem-feita do mercado.

Montar um negócio próprio pode ser comparado a mudar de cidade: exige a análise detalhada do novo cenário antes da tomada de decisão, entender os impactos que isso pode trazer para você e seus familiares, avaliar os riscos envolvidos e as respectivas consequência. Certa vez conheci uma pessoa que gostaria muito de se mudar de cidade. Ela resolveu mudar-se com a família para um imóvel em uma outra cidade que julgava ser interessante. Sem estudar a geografia local, os índices de violência, o mercado de trabalho, a oferta de serviços, a qualidade das escolas e o nível de trânsito, comprou um imóvel e foi aventurar-se (isso porque não sabia minimamente para onde estava indo).

Seja sincero: o que você acha dessa decisão? Por melhor que possa ser o futuro dessa pessoa e dos familiares dela, acredito que o processo de escolha foi, no mínimo, precipitado. Não é prudente mudar-se para uma cidade e uma residência sem realizar pesquisas e avaliações prévias. Por maior que seja a vontade de morar em um novo lugar, ainda assim é preciso fazer inúmeras considerações, antes de partir para a ação e fazer uma mudança que pode levar a algum arrependimento depois.

Em um almoço em Miami com André Duek, aprendi uma lição valiosa: antes de se mudar para esta tão desejada cidade da Flórida (ou qualquer outra) é fundamental visitá-la, pelo menos, dez vezes. No início, o conselho me pareceu exagerado. Mas sabe que faz sentido? As pessoas gostam de imaginar como seria morar em Miami quando estão lá no verão e de férias. Mas o clima muda. Surgem riscos de furacão, inundações. É importante avaliar bem os pros e contras e entender o quanto realmente vale a pena a mudança. Para tomar qualquer decisão, mesmo uma simples ou as mais arriscadas, é fundamental que você tenha estudado o cenário em seus mais diferentes momentos.

Muitos empreendedores montam negócios a partir de impulsos semelhantes a quem decide mudar de cidade. Eles têm uma ideia, julgam-na interessante e partem para concretização do sonho, sem qualquer tipo de avaliação do cenário, dos riscos e das dificuldades que vão encontrar. O empreendedor realmente profissional alimenta-se de informações e dados objetivos para tomar a decisão. E raramente o sucesso dele surge por meio de decisões infundadas.

USO DE INFORMAÇÕES NO PROCESSO DECISÓRIO: eu reconheço a importância de basear minhas decisões empresariais em dados, estatísticas e pesquisas de mercado, em vez de depender apenas de intuição e "achismos"?

BASEAR DECISÕES EM DADOS CONCRETOS: tomo decisões a partir de uma avaliação profunda dos prós e contras, estudando o mercado em diferentes situações e baseando minhas decisões em dados concretos, ou estou correndo riscos com base em impressões superficiais e impulsos?

EXEMPLO DA MUDANÇA PRECIPITADA: concordo que a decisão de se mudar para uma nova cidade sem avaliar cuidadosamente diversos aspectos, como segurança, mercado de trabalho e qualidade de vida, pode ser precipitada e arriscada?

LIÇÕES APRENDIDAS DE EXPERIÊNCIAS PESSOAIS: eu reconheço a importância de aprender com as experiências dos outros, como a história compartilhada sobre a mudança para Miami, entendendo a necessidade de avaliar profundamente as decisões antes de agir?

PROFISSIONALISMO NA TOMADA DE DECISÕES: estou comprometido em adotar uma abordagem profissional e embasada em dados na minha jornada empreendedora, evitando decisões impulsivas e infundadas?

PRINCÍPIO 51: TENHA UM PLANO FINANCEIRO

Montar o negócio próprio exige no mínimo uma análise do quanto de dinheiro será preciso para viabilizar a empresa.

Na maneira profissional de empreender, o empreendedor primeiro analisa o quanto de dinheiro será preciso para viabilizar o negócio. Nessa conta entram, inclusive, os gastos da fase de planejamento e o caixa necessário até que se alcance o lucro. No plano financeiro, são detalhadas todas as previsões de entradas (recebimento de produtos vendidos ou serviços prestados) e de saídas (aluguel, as despesas com fornecedores, salários e benefícios dos colaboradores, impostos etc.).

A partir das necessidades detectadas, parte-se para a busca do capital. Quando o dinheiro próprio não é suficiente, deve-se cogitar outras possibilidades de obtenção de recursos, como a incorporação de sócios (com injeção de recursos), a inclusão de investidores e a tomada de empréstimos bancários. É importante lembrar que, nesse último caso, os juros e as parcelas do pagamento da dívida vão gerar compromissos financeiros futuros (que podem inviabilizar o negócio).

Essa avaliação numérica, antes mesmo de a empresa ser colocada de pé, ajuda o empreendedor a verificar os riscos e os desafios do empreendimento. Ele já tem noção de quanto precisará faturar, até quanto poderá gastar em cada aspecto do negócio e a quantia que deverá ter para sustentar os primeiros meses da operação.

Ciente da importância do plano financeiro, eu pergunto: é assim que os empreendedores agem na hora de montar o novo negócio? A maioria não faz isso e muitos não sabem, mas estão contando com a sorte. Já conheci empreendedores de sucesso que não começaram com um plano financeiro estruturado. Mas, você prefere pegar uma estrada para um destino que não conhece utilizando o Waze ou prefere ir viajar sem? Lembre-se que menos de 40% das empresas conseguem sobreviver a mais de 5 anos. Acredito que grande parte dessa estatística seja por causa da falta de planejamento financeiro.

Muitos empreendedores pegam dinheiro aleatoriamente (o quanto podem investir e não o quanto deveriam investir) e saem gastando de forma indiscriminada. Alguns, nem previsão de receita possuem, nem estipulam o quanto vão gastar em cada aspecto do empreendimento. A tomada de decisão é essencialmente passional. Os mais precavidos guardam um pouco de recursos para as primeiras semanas de operação do negócio. A maioria nem isso faz.

Mas é difícil fazer um plano financeiro? Não! É melhor fazer um plano simples e realista, do que não ter plano algum. E o que é um plano financeiro, afinal? É nada mais do que uma estimativa de quanto de recursos vai entrar e sair do caixa. Com isso, você terá uma previsão se seu negócio vai dar lucro ou não. Acredite, um plano financeiro pode ser feito em um caderno. O importante é ter um planejamento e usá-lo.

PRIORIZAÇÃO DO PLANEJAMENTO FINANCEIRO: estou consciente da importância de analisar cuidadosamente as necessidades financeiras do meu negócio antes mesmo de começar a operar?

BUSCA POR CAPITAL: estou disposto a explorar diferentes fontes de capital, como: investidores, empréstimos bancários e incorporação de sócios, para garantir a viabilidade financeira do meu empreendimento?

CONSCIÊNCIA DOS RISCOS FINANCEIROS: reconheço os riscos associados à falta de um plano financeiro estruturado, incluindo a possibilidade de comprometer a sustentabilidade e o sucesso a longo prazo do meu negócio?

COMPARAÇÃO COM A VIAGEM PLANEJADA: concordo que, empreender sem um plano financeiro é como viajar para um destino desconhecido sem usar um aplicativo de navegação, aumentando significativamente as chances de imprevistos e desafios?

SIMPLICIDADE DO PLANEJAMENTO FINANCEIRO: estou comprometido em criar um plano financeiro simples e realista, mesmo que seja apenas uma estimativa básica das receitas e despesas do meu negócio, para orientar minhas decisões e aumentar as chances de sucesso?

PRINCÍPIO 52: RESERVE RECURSOS PARA O CAPITAL DE GIRO

Tão importante quanto o investimento inicial para colocar o negócio de pé, é ter o dinheiro para fazer a empresa funcionar no dia a dia.

Uma vez montado o negócio, há empreendedores que se esquecem ou nem se preocupam de reservar dinheiro para o capital de giro. Muitas empresas fecham porque não possuem recursos para fazer com que a operação continue rodando.

Para quem não sabe o que é o capital de giro, nada mais é que o dinheiro que você precisa para cobrir os gastos operacionais do dia a dia. De uma maneira bem simples, é a diferença entre os recebimentos que você possui menos os pagamentos que você precisa realizar. Caso você tenha que pagar primeiro seus compromissos, para depois receber dos seus clientes, o que acontece com muitas empresas, você terá que deixar um recurso em seu caixa para garantir que a operação não fique parada enquanto o dinheiro do cliente não entra. Podemos, também, olhar de uma outra maneira o, capital de giro líquido, que nada mais é do que a diferença entre os Ativos Circulantes e os Passivos Circulantes.

Gosto de sempre utilizar exemplos bem simples. Imagine um mercadinho. Ele está pronto para funcionar: as prateleiras foram adquiridas, os colaboradores foram contratados, o caixa foi instalado, os sistemas de informação estão funcionando e as placas com os preços foram colocadas nos lugares certos. Para que tudo isso tenha acontecido, você precisou de dinheiro para comprar os equipamentos e para garantir que as pessoas da equipe tenham condições de vir trabalhar. Esse é o tipo de recurso que você já separou e considerou como investimento inicial do seu negócio.

Quando você começar a vender seus produtos, muito provavelmente os clientes vão lhe pedir um prazo para pagar ou vão querer pagar com cartão de crédito. Essas vendas começarão a compor as suas contas a receber. Por outro lado, se você já fez pedidos aos seus fornecedores, as suas contas a pagar também estão aumentando. Afinal, você também vem pedindo prazo aos seus fornecedores.

Sendo assim, basicamente o seu Ativo Circulante é composto pelo caixa do seu negócio, as contas a receber pelas vendas que fez aos seus clientes e seu estoque. Ou seja, são recursos que você pode utilizar, ou converter em dinheiro, para cumprir com seus pagamentos. Já seu Passivo Circulante é composto pelas contas a pagar pelo que negociou com fornecedores, salários e outras despesas operacionais. Tendo em vista que você precisa primeiro montar seu negócio para depois vender, você precisará de capital até que os recebimentos dos clientes entrem. Esse é o capital essencial para manter as suas operações girando sem interrupções.

PLANEJAMENTO FINANCEIRO: eu tenho um planejamento financeiro que inclui a reserva de capital de giro suficiente para cobrir as despesas operacionais diárias do meu negócio?

GESTÃO DE FLUXO DE CAIXA: estou monitorando ativamente o fluxo de caixa, para garantir que exista sempre um equilíbrio saudável entre recebimentos e pagamentos, evitando assim déficits que possam paralisar as operações?

ENTENDIMENTO DE CAPITAL DE GIRO: eu compreendo plenamente o conceito de capital de giro, incluindo como calcular o capital de giro líquido, e reconheço sua importância para a saúde financeira do meu negócio?

ESTRATÉGIAS DE CONTROLE DE ATIVO E PASSIVO CIRCULANTE: estou adotando estratégias eficazes para gerenciar os ativos circulantes (como contas a pagar, salários e impostos) e passivos circulantes (como contas a pagar, salários e outras despesas operacionais) de forma que sustente o capital de giro necessário?

PREPARAÇÃO PARA DESFASAMENTO DE FLUXO DE CAIXA: eu estou preparado para lidar com situações em que há desfasamento entre os pagamentos que preciso fazer e os recebimentos dos clientes, mantendo assim as operações do negócio sem interrupções?

PRINCÍPIO 53: COMECE PEQUENO, MAS TENHA GRANDES AMBIÇÕES

A empresa que entende o processo natural de crescimento se torna mais forte e saudável para encarar os desafios do mercado.

Com exceção do enredo de *O Curioso Caso de Benjamin Button*, conto clássico de F. Scott Fitzgerald, que foi transformado em filme, os seres humanos nascem e vão envelhecendo ao longo dos anos. Quando pequenos, não necessitamos de muitos alimentos, afinal um bebê requer menos calorias do que um adulto. Enquanto pequeno é mais fácil aprender diversas atividades necessárias para interagir com o mundo. Existe uma grande energia, curiosidade e disposição para fazer perguntas e aprender algo novo. Ao aprender a caminhar, caso tenha alguma queda, esta tende a não ser tão dolorosa quanto se já se estivesse na fase adulta. Eu poderia dar diversos exemplos sobre a nossa própria evolução para ilustrar que cada fase tem seus desafios, assim como nas empresas.

É fundamental que se respeite o processo de crescimento de uma empresa. Cada uma tem seu próprio ritmo de evolução, de maturação e escala. Cada empreendedor precisa conhecer bem a própria realidade para que possa nutrir e cuidar da sua empresa para que ela não de saltos tão largos ao ponto de quebrar. Uma empresa que surge menor e vai crescendo aos poucos, respeita a lógica natural de desenvolvimento. Se no começo ela é pequena, são exigidos menos recursos. As falhas normais da fase inicial de vida são menos dolorosas, e os aprendizados são feitos de maneira mais intensa e rápida. Os benefícios dessa dinâmica são incontáveis.

Certa vez li sobre o caso da "Bolha das Tulipas" que ilustra bem que até mesmo um mercado simples e pequeno de flores, se crescer rápido demais e sem fundamentos, pode desaparecer em pouco tempo.

“Bolha das Tulipas” foi um episódio que aconteceu no século XVII, na Holanda. Foi um caso de especulação financeira que envolveu tulipas, levando a um rápido crescimento e subsequente colapso. No auge da “Bolha das Tulipas,” os preços das tulipas nos Países Baixos dispararam de forma vertiginosa devido à crescente demanda por flores exóticas e raras. As tulipas tornaram-se um símbolo de status e riqueza, e as pessoas estavam dispostas a pagar somas exorbitantes por bulbos de tulipas. O mercado de tulipas atingiu seu pico em 1637, quando os preços alcançaram níveis astronômicos. No entanto, essa especulação desenfreada e o rápido crescimento dos preços das tulipas provaram ser insustentáveis. A bolha estourou abruptamente, levando a uma queda dramática nos preços e à falência de muitos investidores.

Começar um negócio pequeno não quer dizer que o empreendedor não tenha grandes ambições. Exatamente por ter planos maiores (com crescimento gradativo), ele entende a importância de evoluir com coerência e de respeitar os aprendizados naturais da empresa no mercado.

RESPEITO AO PROCESSO DE CRESCIMENTO: estou ciente da importância de respeitar o processo natural de crescimento de uma empresa, permitindo que ela evolua gradualmente e aprenda com suas experiências ao longo do tempo?

CONHECIMENTO DA REALIDADE EMPRESARIAL: reconheço a necessidade de compreender profundamente a realidade da minha empresa para nutri-la e cuidar dela, evitando que cresça de forma descontrolada e corra o risco de quebrar?

BENEFÍCIOS DO CRESCIMENTO GRADUAL: compreendo os benefícios de um crescimento gradual, onde as falhas iniciais são menos prejudiciais e os aprendizados são mais intensos e rápidos, contribuindo para uma evolução mais sustentável?

LIÇÕES DA "BOLHA DAS TULIPAS": como o conhecimento do episódio histórico da "Bolha das Tulipas", no século XVII, na Holanda, que evidencia os riscos de uma expansão rápida e especulativa sem bases sólidas, influencia minha percepção sobre investimentos e crescimento econômico sustentável?

AMBIÇÕES E CRESCIMENTO GRADATIVO: estou começando meu negócio em menor escala como uma forma consciente de promover um crescimento gradual e sustentável? Estou valorizando os aprendizados que essa abordagem proporciona e reconhecendo que isso não diminui minha ambição, mas fortalece as bases da minha empresa?

PRINCÍPIO 54:
INVISTA NO DESENVOLVIMENTO DOS PRODUTOS E SERVIÇOS

A empresa deve melhorar constantemente a qualidade daquilo que vai oferecer aos clientes.

Thomas Edison, o inventor da lâmpada elétrica incandescente e de outras centenas de produtos, não foi apenas um nerd de laboratório. Ele patenteava suas criações e lançava empresas para produzi-las. Não à toa, tornou-se um dos grandes empreendedores norte-americanos no final do século XIX. Um dos negócios que criou, foi a General Electric, a GE, que já foi considerada uma das maiores e mais valiosas empresas do mundo. Até chegar ao modelo da lâmpada elétrica que conhecemos, Edison errou incontáveis vezes. Ele costumava dizer: "Eu não falhei. Só descobri dez mil maneiras que não funcionavam".

Para lançar um negócio em qualquer setor, o empreendedor precisa desenvolver previamente aquilo que vai oferecer aos clientes. Esse princípio pode parecer básico para quem tem uma empresa que comercializa produtos físicos, mas ele também vale para quem oferece serviços. Infelizmente, alguns empreendedores, na pressa de começar os empreendimentos deles, pulam etapas no desenvolvimento dos produtos/serviços e chegam ao mercado meio capengas, com ofertas de valor de baixo nível. Não cometa esse erro!

Conheci um empreendedor de Campinas que montou uma rotisserie, especializada em culinária italiana, dentro de casa. As receitas foram extraídas diretamente da experiência da avó, uma piemontesa que chegou ao Brasil refugiada da Segunda Guerra, e que era apaixonada pela comida do país dela. Em uma época em que não havia tanta sofisticação gastronômica, o empreendedor do interior de São Paulo usou as receitas familiares para produzir massas com toque italiano. Para chegar aos produtos que agradassem ao paladar brasileiro, sem perder o tom mediterrâneo, e tivessem ótima qualidade, ele fez incontáveis testes (*à la* Thomas Edison). Quando chegou ao resultado satisfatório, lançou os produtos no mercado e obteve grande êxito. Vale acrescentar que ele começou o negócio com quase nenhum dinheiro. Como? Ele primeiramente coletava os pedidos dos clientes e só produzia quando já tinha o pedido confirmado e pago. Para comprar a matéria-prima para fazer as massas, ele utilizava o cartão de crédito, ganhando, assim, um prazo de 30 dias para pagar.

É muito legal ver quem aproveita a fase de planejamento do negócio para desenvolver produtos e serviços com bom potencial de mercado, e ainda encontra alternativas para a falta de dinheiro. Exatamente por isso, acredito que o sucesso de uma empresa ocorra muitas vezes antes da abertura de suas portas.

CONSCIÊNCIA SOBRE A PREPARAÇÃO E PERSISTÊNCIA: reconheço a importância de dedicar tempo e esforço ao desenvolvimento e ao aprimoramento dos produtos ou serviços que pretendo oferecer, inspirando-me na perseverança de empreendedores como Thomas Edison, que realizou incontáveis testes até alcançar o sucesso?

EVITAR PRESSA NO LANÇAMENTO: compreendo que, na ânsia de começar um negócio, é um erro pular etapas no desenvolvimento dos produtos/serviços, o que pode resultar em ofertas de baixa qualidade e valor?

EXPERIÊNCIA DE SUCESSO: estou consciente do valor da dedicação aos testes e do comprometimento com a qualidade, assim como fez o empreendedor de Campinas, que alcançou sucesso ao desenvolver produtos de culinária italiana a partir das receitas de sua avó?

CRIATIVIDADE NA FALTA DE RECURSOS: reconheço a importância da criatividade na superação da falta de recursos financeiros, como exemplificado pelo empreendedor que utilizou o método de coletar pedidos antecipados e usar o cartão de crédito para financiar a produção?

SUCESSO ANTES DA ABERTURA: entendo a importância crítica da fase de planejamento para o sucesso futuro da minha empresa? Reconheço que é durante este período que os produtos e serviços são meticulosamente selecionados e desenvolvidos com base em seu potencial e aceitação no mercado?

PRINCÍPIO 55: NÃO DESPREZE OS ASPECTOS LEGAIS DO NEGÓCIO

É na fase de planejamento que o empreendedor deve tomar uma série de decisões sobre a natureza legal da empresa.

Quando montamos um negócio, precisamos estar atentos aos aspectos legais. Aí alguém pode dizer: "Mas eu sou um pequeno empreendedor e não entendo nada disso." Não importa! Independentemente da sua formação e do tamanho da sua empresa, você, como proprietário, é o responsável por todas as áreas da companhia. E entre suas responsabilidades está respeitar a legislação. Se você não domina esse assunto, contrate quem conheça: advogados, contadores, consultores, despachantes. O que não pode, é ignorar as regras do jogo e montar seu empreendimento de qualquer jeito.

Importante falar disso na parte do planejamento, porque o empreendedor precisa definir vários aspectos legais do negócio antes de abri-lo. Vou compartilhar dois deles que, se não forem bem-feitos, podem levar a consequências irreparáveis ao seu empreendimento: contrato social e escolha do regime fiscal.

A empresa é constituída a partir de um contrato social. Nesse documento são estabelecidas as principais diretrizes da sociedade, tais como a finalidade da organização, o percentual dos sócios, as responsabilidades e obrigações de cada um, e a resolução de conflitos. Esse documento precisa ser bem-feito, porque há aspectos que podem ser de difícil mudanças depois, principalmente aqueles que podem frustrar as expectativas dos sócios em relação ao capital social, à participação e às responsabilidades. É fundamental que seja feito um contrato social como se estivesse estabelecendo um acordo de sociedade. Muitos empreendedores apenas delegam a elaboração desse documento ao contador, e não se interessam pelo que está escrito pelo excesso de confiança.

Outro ponto fundamental é a escolha do regime tributário adequado ao seu negócio. No Brasil, os regimes, por exemplo, podem ser: simples nacional, lucro presumido, lucro real, MEI (Microempreendedor Individual). Tomadas algumas decisões, é difícil alterá-las mais à frente. Por isso, tenha em mente o quanto antes os detalhes de sua operação. Não se deve definir seu regime sem pesquisar ou conversar com especialistas na área. Conheci um empreendedor que perdeu o prazo para escolher o regime Simples Nacional. Após o prazo legal, a empresa não pode mais aderir a esse regime tributário durante o ano-calendário em questão. Isso pode desestruturar todo o planejamento.

Cada tipo de empresa possui especificações que devem ser respeitadas. Se eu fosse falar tudo o que é preciso para se abrir um negócio no Brasil, acho que ficaria falando por horas. A questão é que o empreendedor deve se atentar às exigências legais, antes mesmo de abrir o negócio.

RESPONSABILIDADE LEGAL DO EMPREENDEDOR: eu reconheço que, como proprietário de um negócio, devo atender a todas as exigências legais?

IMPORTÂNCIA DO PLANEJAMENTO LEGAL: eu entendo que aspectos legais, como contrato social e regime fiscal, devem ser considerados no planejamento do meu negócio para evitar problemas futuros?

CONTRATO SOCIAL: estou ciente de que o contrato social define as diretrizes da sociedade, as responsabilidades dos sócios e a resolução de conflitos, e sua elaboração deve ser realizada de forma extremamente cuidadosa e com o auxílio de um profissional competente?

ESCOLHA DO REGIME TRIBUTÁRIO: reconheço que a escolha do regime tributário adequado pode ter impacto significativo na operação do meu negócio e requer cuidado na decisão?

ATENÇÃO ÀS ESPECIFICIDADES: compreendo que cada tipo de empresa possui exigências legais específicas que devem ser respeitadas desde o início do processo de abertura do negócio?

PRINCÍPIO 56: RECORRA SEMPRE A PROFISSIONAIS QUALIFICADOS

Quando o assunto for crítico para o sucesso do negócio, o empreendedor deve contratar especialistas para assessorá-lo.

Alguns empreendedores dizem que tocar o negócio próprio é uma tarefa solitária. Eles tomam todas as decisões sozinhos e não tem normalmente a quem recorrer para pedir uma segunda opinião. Será mesmo que a gestão da empresa precisa ser feita de maneira tão individual? Acredito que não. A administração verdadeiramente profissional requer a contratação de uma série de profissionais, antes mesmo do empreendimento começar a funcionar.

Vamos a alguns exemplos. Um advogado e um contador são fundamentais para a definição dos aspectos legais da companhia. Um especialista em pesquisa pode ajudar na sondagem do potencial de mercado e na análise da opinião dos clientes. Um profissional de marketing é excelente para orientar sobre o nome da companhia e seu posicionamento no mercado. Um designer e um publicitário podem criar a logomarca e sua identidade visual. Um consultor de negócios ajuda na definição do melhor ponto comercial. Um profissional de recursos humanos auxilia na escolha dos colaboradores e de como fazer a seleção. Um arquiteto e um designer de interiores são fundamentais para quem deseja reformar o imóvel ou criar uma atmosfera interessante para os clientes.

Olha quanta gente se envolve com a empresa antes do início da operação. Quando falo sobre isso, há quem reclame: "Se eu contratar esse exército de especialistas, ficará uma fortuna abrir o negócio!" A questão é que você não precisa contratar todos de uma vez e pode, inclusive, recorrer a consultores que dediquem algumas horas ao seu negócio. O ideal é o empreendedor priorizar aqueles que vão ajudá-lo nos aspectos mais sensíveis e críticos ao seu negócio. O fundamental é você não dizer que é caro antes de entender os impactos que a falta de um especialista pode lhe trazer.

Um exemplo recente envolve a fabricante de aeronaves Boeing e o avião 737 Max. Após dois acidentes fatais envolvendo o 737 Max, em 2018 e 2019, ficou claro que havia problemas sérios no projeto e na certificação do avião. Esse exemplo destaca a importância de especialistas em segurança e regulamentação de aviação para garantir a segurança de produtos e sistemas complexos. Não ter o especialista adequado pode custar muito mais caro do que o seu orçamento inicial. Avalie não só a necessidade do investimento, mas principalmente os riscos que podem ser mitigados ao trazer um especialista qualificado.

O que posso garantir é que, muitas vezes, sai mais barato o trabalho profissional, sério e competente de uma equipe qualificada do que fazer as principais atividades do negócio de maneira amadora e sem qualquer embasamento técnico. Lembre-se: se é para fazer a empresa dar certo, você precisará trabalhar de um jeito profissional e eficiente. Do contrário, o sucesso não vai querer entrar no seu empreendimento quando as portas forem abertas.

ENVOLVER PROFISSIONAIS ESPECIALIZADOS: considero essencial contratar profissionais como advogado, contador, especialista em pesquisa de mercado e consultor de negócios, antes mesmo de iniciar as operações do seu negócio?

PRIORIZAÇÃO DE ESPECIALISTAS: concordo que, mesmo com um orçamento limitado, é importante priorizar a contratação de especialistas para os aspectos mais sensíveis e críticos do meu empreendimento?

ESPECIALISTAS QUALIFICADOS: concordo que o caso da Boeing, com os problemas enfrentados pelo avião 737 Max, ressalta a importância de ter especialistas qualificados no negócio?

INVESTIMENTO EM PROFISSIONALISMO: concordo que, é mais vantajoso investir em uma equipe qualificada de profissionais, do que realizar atividades empresariais de forma amadora e sem embasamento técnico?

EFICIÊNCIA PROFISSIONAL: eu acredito que adotar uma abordagem profissional e eficiente, é fundamental para o sucesso do meu empreendimento a longo prazo?

PRINCÍPIO 57: DEFINA O PROPÓSITO DO SEU NEGÓCIO

A razão de existir de uma empresa é uma das primeiras definições estratégicas que se precisa tomar.

O propósito de um negócio é a razão de sua existência. Cada empresa deve ter muito bem definido o seu. O ideal é que antes mesmo que você monte o seu negócio, tenha claro o real propósito dele. Busque entender, dentro da sua história, exemplos e razões que estão fazendo você empreender. Talvez no início não seja completamente claro, mas não deixe de buscar a causa principal. Isso será útil para engajar as pessoas em prol de um mesmo sonho. Admito que não consigo visualizar uma organização de inquestionável sucesso sem que exista clareza de sua existência para os sócios, colaboradores, fornecedores, parceiros e clientes. Deixe-me trazer um exemplo prático sobre a importância de um propósito.

Imagine que você vá montar uma escola de artes marciais. Depois da ideia, o próximo passo é definir o propósito (ou a missão do negócio), que dependendo do caso, pode moldar diferentes tipos de empresa. A escola pode ser voltada para jovens atletas que visam se profissionalizar e competir em torneios nacionais e internacionais. Nesse caso, seria um clube de formação de atletas. Ela também pode ser direcionada para pessoas que só queiram se divertir e praticar luta nos momentos de lazer. Aí a escola ganha outra configuração. O negócio também pode ser voltado para mulheres que buscam defesa pessoal, para profissionais do setor de segurança que precisam de maior qualificação ou para colégios convencionais que procuram atividades extras para seus alunos.

Dependendo do propósito escolhido, sua escola de artes marciais terá características bem distintas. As escolhas dos melhores professores, das aulas mais adequadas, dos planos de pagamento, dos horários de funcionamento, da localização e do tipo de espaço interno dependerão fundamentalmente da razão do negócio. Afinal, um clube de formação de atletas, um local de treinamento para amadores, uma empresa dedicada à proteção pessoal e um centro de aprimoramento profissional têm aspectos totalmente diferentes. É possível construir várias escolas de luta com aspectos distintos que não competem diretamente entre si.

Você ainda acha que definir o propósito do negócio não é importante? Saiba que enquanto alguns insistem em não dar significado às suas empresas, outros empreendedores não pensam duas vezes e configuram seus empreendimentos a partir de uma missão clara e bem direcionada. É até covardia apontar qual grupo de empreendedores tem mais chances de êxito no mundo empresarial.

O que você acha? Quem leva vantagem: a turma que tem propósito ou a que não tem?

ENTENDIMENTO E ARTICULAÇÃO DO PROPÓSITO: estou plenamente ciente do propósito subjacente do meu negócio, e sou capaz de articulá-lo de forma a ressoar não só internamente, mas também externamente, inspirando colaboradores, clientes e parceiros?

COERÊNCIA DAS DECISÕES COM O PROPÓSITO: as minhas decisões, tanto estratégicas quanto operacionais, estão em plena sintonia com o propósito do meu negócio, refletindo um compromisso verdadeiro com a visão e missão que estabeleci, e manifestam-se consistentemente em nossas ações diárias?

DIFUSÃO E ENGAJAMENTO EM TORNO DO PROPÓSITO: estou comunicando, de maneira efetiva, o propósito do meu negócio a todos os *stakeholders,* de forma que os motive e crie um sentimento de comunidade e pertencimento, reforçando nosso compromisso com objetivos comuns?

PROPÓSITO COMO FONTE DE FORÇA: o propósito do meu negócio serve como um poderoso elemento motivador e de fortalecimento para mim e para minha equipe? Ele nos oferece direção e resiliência, especialmente nos momentos de adversidade, impulsionando-nos a superar desafios?

MONITORAMENTO DO IMPACTO EM FUNÇÃO DO PROPÓSITO: estou continuamente avaliando o impacto do meu negócio para garantir que estamos efetivamente cumprindo nosso propósito fundamental? Nossas estratégias estão maximizando nosso impacto?

PRINCÍPIO 58: AJA DE FORMA PROFISSIONAL

Para o planejamento ficar próximo da realidade, o empreendedor precisa atuar de maneira isenta e séria na avaliação da viabilidade do negócio.

De vez em quando, ouço um ou outro empreendedor falar que a fase de planejamento do negócio não serve para nada. Citam várias histórias de sucesso em que os empreendedores não fizeram planejamento nenhum. Ou comentam sobre aqueles que montaram bons planos para suas empresas, mas que não foram de grande valia na hora da execução. Por isso, consideram o ato de planejar uma perda de tempo. Será mesmo? Sempre que escuto esse tipo de discurso, penso que os empreenou planejaram errado ou não executaram bem o plano definido.

O que seria um planejamento equivocado? É quando o empreendedor não atua de maneira profissional na definição estratégica do negócio. Quando se monta a empresa, o empreendedor deve estudar o mercado e elaborar bons planos de negócios, sem se deixar levar por impulsos irracionais ou pular etapas críticas por conta da ansiedade. Também não pode atuar como advogado de defesa de projetos que se mostrem com baixo potencial. Saiba que é muito comum, mesmo com evidências apontando para a não abertura daqueles negócios, os empreendedores fecharem os olhos para os riscos e seguirem em frente tranquilamente. Atente-se: uma parte importante da fase de planejamento é, justamente, avaliar a viabilidade da empresa.

Uma vez verificados o potencial de mercado e a possibilidade de se criar a companhia, o empreendedor segue adiante na construção do seu planejamento. Porém, de tão empolgado e entusiasmado que fica para começar a operação, ele ignora diversos pontos do seu planejamento. Aí ele tem a "cara de pau" de dizer que o plano não serviu para nada. Claro que não serviu! Ele não usou o que ele mesmo elaborou. Repare que, nesse caso, a culpa não foi do planejamento, e sim da execução, que não seguiu a estratégia estabelecida.

A conclusão a que chego é que a maioria dos brasileiros não é muito afeita à etapa do planejamento. Em nosso país, tenho a impressão de que planejar é algo subvalorizado e às vezes considerado desnecessário, já que é difícil planejar em ambiente de grande incerteza. São poucos os empreendedores que atuam de maneira séria e compromissada na hora da montagem dos planos de seus negócios e que realmente sabem tirar o melhor proveito da etapa de planejamento e corrigir o rumo com precisão. Tenho certeza de que o nível de excelência do empreendedorismo nacional elevar-se-ia bastante se nossos empreendedores fossem mais profissionais no momento de planejar.

REFLEXÃO SOBRE A IMPORTÂNCIA DO PLANEJAMENTO: eu realmente valorizo a fase de planejamento do meu negócio, ou tendo a subestimá-la, considerando-a uma perda de tempo, diante de histórias de sucesso sem planejamento aparente?

PROFISSIONALISMO NO PLANEJAMENTO: quando estou planejando, eu o faço de maneira profissional, estudando o mercado e considerando todos os riscos, ou me deixo levar por impulsos e ansiedade, ignorando etapas críticas?

COMPROMETIMENTO COM O PLANO ESTABELECIDO: após elaborar meu plano de negócios, mantenho-me fiel a ele durante a execução, ou ignoro os pontos planejados por entusiasmo, acabando por desviar do curso estabelecido?

AVALIAÇÃO DA VIABILIDADE E RISCOS: eu dedico tempo suficiente para avaliar a viabilidade do meu negócio e os riscos associados, ou tendo a seguir em frente com o plano, sem considerar adequadamente esses fatores?

ADAPTAÇÃO E CORREÇÃO DE CURSO: sou capaz de adaptar meu plano e corrigir o curso, quando confrontado com desafios ou novas informações, ou fico preso a um plano inicial sem flexibilidade para ajustes?

PRINCÍPIO 59: ANCORE A EMPRESA NAS OPORTUNIDADES DE MERCADO

O empreendedor inteligente não desperdiça as chances de negócio que aparecem na sua frente.

A primeira empresa grande que montei foi a Operalog, em 2009. Poderia falar que ela nasceu de uma visão aguçada que tive, de um grande tino comercial ou de uma inovação que promovi. Porém, a verdade é que o meu primeiro negócio surgiu simplesmente de uma oportunidade de mercado, que apareceu na minha frente, e eu aproveitei. Aos 22 anos, eu trabalhava no Grupo Horizonte, empresa de logística do meu pai. A Nacional Gás, companhia do Grupo Edson Queiroz, procurava um parceiro terceirizado para assumir o transporte dos botijões de gás. Envolvida com a montagem de um centro de distribuição em Belém para a Ambev, que contemplava quase uma centena de caminhões, a Horizonte não conseguiria, naquele momento, dedicar-se a um outro projeto, que demandava apenas quatro veículos. Além do mais, para transportar gás, havia a necessidade de construir um modelo de negócio diferente.

Se para a empresa do meu pai, já consolidada no mercado e com grandes clientes, o atendimento à demanda da Nacional Gás não poderia ser abraçado, para um empreendedor novato, aquela era uma oportunidade gigantesca. A Operalog foi fundada em Brasília por mim e pelo meu sócio na época, Ygor Pavan. Começamos a empresa com quatro caminhões financiados, capital de giro de 50 mil reais e 15 colaboradores. Atualmente, a Operalog tem mais de 200 caminhões em operação, faturou mais de R$ 100 milhões em 2023, e conta com mais de 800 colaboradores.

O pequeno empreendedor não pode desperdiçar as oportunidades que "pintam" na sua frente. E não avalie um novo negócio apenas pela demanda atual de um único comprador e não considere somente negócios grandes. Existem muitos negócios pequenos com altíssimo potencial. Enxergue a demanda de novos clientes e o que essa demanda pode significar para você depois de alguns anos. Todo negócio grande já foi pequeno algum dia. Poucos caminhões, hoje, podem ser dezenas, centenas, milhares daqui a alguns anos. Busque olhar sempre à frente, e veja se há potencial de crescimento.

Ao analisar, lá atrás, a necessidade da Nacional Gás, eu pensei: “Eles são uma empresa imensa e o transporte de botijões representa um de seus maiores custos. Se a Operalog trabalhar bem, desenvolver um projeto de terceirização com esses primeiros caminhões e fazer um atendimento melhor do que os concorrentes, teremos boas chances de conseguir mais serviços e continuar crescendo”. Atualmente só os contratos com os clientes desse segmento somam mais de 20 milhões de reais por ano.

E aí, quais são as oportunidades de mercado que estão bem na sua frente e você ainda não está atendendo?

RECONHECIMENTO DE OPORTUNIDADES: estou atento às oportunidades de mercado que surgem ao meu redor, mesmo que pareçam pequenas ou fora do âmbito tradicional do meu setor de atuação?

AVALIAÇÃO DE VIABILIDADE: eu me dedico a analisar cuidadosamente o potencial de crescimento das oportunidades que identifico, considerando não apenas a demanda imediata, mas também o potencial?

CORAGEM PARA INICIAR: tenho a coragem de agir sobre as oportunidades que identifico, mesmo que isso signifique entrar em um território desconhecido ou iniciar um projeto do zero?

VISÃO DE CRESCIMENTO: estou constantemente avaliando como posso escalar o negócio a partir de uma oportunidade inicial, pensando em como poucos recursos, hoje, podem se transformar em uma operação significativa no futuro?

DIFERENCIAÇÃO COMPETITIVA: eu estou trabalhando para garantir que meu negócio ofereça um valor ou serviço superior aos concorrentes, de forma a assegurar um crescimento sustentável e a captação de mais oportunidades?

PRINCÍPIO 60: TENHA FOCO

Se o empreendedor não concentrar total atenção, energia, tempo e dedicação ao seu negócio principal, a chance de sucesso cai sensivelmente.

Se apresentei um *case* meu de sucesso, sinto-me na obrigação de contar também uma história de fracasso, justamente para evidenciar que não é somente de boas histórias que se forma um empreendedor. Em uma fase promissora, achei que valia a pena investir em uma franquia. Pensei de um jeito bem otimista: "Se estava tendo êxito na montagem de empresas do zero, criar uma a partir de uma franquia seria fácil." E o que aconteceu? Meu novo empreendimento fechou em menos de dois anos.

Por quê? Refletindo após alguns meses, cheguei à conclusão que foi uma sucessão de erros. Em primeiro lugar, era um mercado que eu não conhecia profundamente e nem tinha sócio operador, alguém que teria a capacidade técnica necessária para fazer o negócio deslanchar. Depois, creio que desconsiderei os riscos na fase de planejamento. Sabe quando a empolgação é maior do que a prudência? Foi o que se passou ali.

Contudo, o fator que considero decisivo para o fracasso, foi minha falta de tempo e de dedicação para mergulhar naquele negócio. Como estava envolvido com outras empresas, meu foco nunca se direcionou efetivamente à franquia. Ela era apenas um pequeno empreendimento, e acreditei que poderia tocar de longe e sem grandes preocupações. Hoje sou sócio de mais de 10 empresas, mas todas tem um sócio ou um executivo dedicado exclusivamente àquele negócio.

Muitos empreendedores acabam sendo enganados por eles mesmos, quando o instinto e a autoconfiança são maiores do que o cuidado e a atenção à nova empresa. Por isso, recomendo, com conhecimento de causa: tenha foco. E quando eu falo foco, não estou falando sobre quanto tempo estará dedicado a um negócio ou outro. Aprendi, a duras penas, que foco não é sobre o quão fisicamente você está em um negócio, mas o quanto sua mente está concentrada nele. Quanto mais dedicada sua mente estiver a uma única coisa, maiores são as chances de êxito.

Você vai montar um negócio? Legal. Agora me responda com sinceridade: você vai se dedicar integralmente a ele ou, pelo menos, conseguirá demandar boa parte do tempo para sua constituição e crescimento? Seu foco estará direcionado verdadeiramente ao sucesso dele? Sua atenção, energia, tempo e cuidados estarão voltados prioritariamente para tal? Se uma ou mais respostas forem negativas, acredito que você deva rever os planos, ou, se você tem mais de um negócio em mente, comece com aquele que vai gerar maiores aprendizados. Se o empreendedor não tem paciência, tempo, interesse, energia ou concentração para cuidar de um negócio, na certa não conseguirá acompanhar as demandas crescentes de trabalho quando a empresa começar a operar (que exigirá muito mais dele). Se é para fazer de qualquer jeito, não faça. Foque seus recursos, sua energia e seu tempo naquilo que é prioritário para você. O índice de sucesso é maior quando concentramos nossos esforços em causas e projetos, um de cada vez.

CONHECIMENTO DO MERCADO: quando me envolvo em um novo negócio, eu costumo investir tempo para entender profundamente o mercado, e possuo, ou busco, um sócio com conhecimento técnico necessário para o sucesso do empreendimento?

AVALIAÇÃO DE RISCOS: eu reflito sobre os riscos envolvidos e realizo um planejamento cuidadoso, equilibrando minha empolgação com prudência, antes de me comprometer com um novo projeto ou empresa?

DEDICAÇÃO E FOCO: eu dedico tempo suficiente e mantenho meu foco no novo negócio, evitando dividir excessivamente minha atenção entre múltiplos empreendimentos?

AUTOCONFIANÇA ***versus*** CAUTELA: eu acredito que às vezes minha autoconfiança e instinto podem me levar a subestimar os desafios e superestimar minha capacidade de gerir um novo negócio, sem o devido cuidado e atenção?

PRIORIZAÇÃO E GESTÃO DO TEMPO: estou disposto a priorizar meus recursos, tempo e energia em um ‘projeto de cada vez, reconhecendo que essa é a chave para um maior índice de sucesso, em vez de tentar abraçar múltiplas iniciativas ao mesmo tempo?

PRINCÍPIO 61: TRABALHE COM O CONCEITO DO MÍNIMO PRODUTO VIÁVEL (MVP)

Como uma alternativa interessante, lance o produto no mercado e aprimore-o constantemente com a ajuda dos próprios clientes.

Há quem passe anos desenvolvendo os detalhes da empresa e formulando cada aspecto do produto e serviço. Enquanto tudo não estiver perfeito, o negócio não sai do papel. Conheci uma empresária paulistana, que só inaugurou sua loja de artigos de decoração depois que o estabelecimento estava conforme ela sempre sonhou. O problema é que o empreendimento demorou seis anos para abrir. Seis anos! Falo bastante sobre planejamento. Mas sou daqueles que pensa que precisamos planejar e executar rapidamente, para que continuemos aprimorando o planejamento.

Um modelo que parece muito promissor, e que está sendo usado por boa parte das *startups* mundo afora, é o do Mínimo Produto Viável, o famoso MVP na sigla em inglês: *Minimum Viable Product.* Nessa proposta, o empreendedor investe um tempo determinado, uma quantidade de recursos limitada e uma quantia de esforço sucinta para desenvolver o modelo inicial do produto e serviço (MVP). Aí o empreendedor já lança o protótipo no mercado, em vez de ficar aprimorando-o internamente (o que pode demorar anos, décadas).

A partir dos *feedbacks* reais dos primeiros clientes, as melhorias são realizadas e as novas versões do produto e do serviço são apresentadas constantemente ao mercado. A ideia é aproveitar a opinião dos próprios consumidores para moldar adequadamente a oferta de valor da empresa. Além de estarem mais conectadas à realidade, as empresas que se utilizam do MVP têm incontáveis vantagens: limitam a utilização de recursos; permite validar o produto com os clientes, antes que faça investimentos substanciais; reduz os riscos dos produtos ou serviços ofertados de falharem; criam a cultura de aprendizado contínuo sobre as necessidades do mercado; e sinalizam para os sócios se a ideia do empreendimento está ganhando aderência no mercado.

Acredito que é possível aplicar os conceitos do Mínimo Produto Viável em todos os negócios, e todos que tentaram aplicá-lo aprenderam algo valioso durante o processo. Ou seja, certamente esse modelo pode ser usado por muitos empreendedores, de vários ramos de atividade, que simplesmente o ignoram. É fundamental perceber que o MVP não se restringe às empresas de tecnologia. Seus princípios são perfeitos, também, para quem está começando de maneira pequena, ou quem já tem negócio grande e está querendo desenvolver novos produtos ou serviços.

E aí, você já pensou em aplicar o método do Mínimo Produto Viável em seu negócio? Se já pensou, já pode começar a fazer.

AGILIDADE VERSUS PERFECCIONISMO: estou me apegando demasiadamente aos detalhes, a ponto de retardar o lançamento do meu negócio ou produto, em vez de adotar uma abordagem mais ágil que permita ajustes contínuos baseados em *feedback* real do mercado?

COMPREENSÃO DO MVP: eu entendo o conceito de Mínimo Produto Viável e como ele pode ser aplicado ao meu negócio, para validar ideias com um investimento inicial menor e ajustar a oferta com base nas necessidades reais dos clientes?

VALIDAÇÃO DO MERCADO: estou aproveitando os *feedbacks* dos primeiros usuários para aprimorar meu produto ou serviço, ou estou tentando adivinhar o que o mercado quer, sem testar efetivamente minhas hipóteses?

CULTURA DE APRENDIZADO E ADAPTAÇÃO: estou criando uma cultura que valoriza o aprendizado contínuo e a adaptação rápida, permitindo que meu negócio responda, de forma eficaz, às mudanças do mercado e às demandas dos clientes?

APLICABILIDADE DO MVP EM DIVERSOS SETORES: reconheço que o conceito de MVP pode ser aplicado além do setor de tecnologia, e estou disposto a explorar como ele pode beneficiar meu negócio, independentemente do ramo de atuação?

PRINCÍPIO 62: INVISTA NO QUE VOCÊ JÁ SABE

As chances do seu negócio dar certo aumentam consideravelmente quando você foca nos produtos e mercados em que já tem conhecimento.

Para que um negócio dê certo, é fundamental que se tenha o conhecimento necessário para entender todos os detalhes importantes que o farão dar lucro ou não. Porém, esse conhecimento pode vir da própria experiência do empreendedor, da contratação das pessoas certas ou de uma sociedade bem estruturada.

Não conheço empresas de sucesso em que as pessoas do negócio não dominem os seus ramos de atuação. Conversando com os empreendedores, noto o quanto sabem e o quanto ainda continuam aprendendo sobre o negócio deles. Eles conseguem falar com propriedade sobre os aspectos técnicos dos produtos e serviços, as preferências dos consumidores, as tecnologias mais utilizadas, as inovações que estão ocorrendo no setor, quem são seus principais concorrentes, as legislações do setor, as boas práticas feitas no setor e quem são os fornecedores mais estratégicos.

Minha recomendação para você é: invista primeiramente em um negócio sobre o qual você tem conhecimento e o qual você acredita que continuará a lhe motivar e deixar curioso para querer aprender algo novo sobre ele a cada dia. Conhecer sua empresa, e mais ainda, conhecer o seu mercado acima dos seus concorrentes será um diferencial competitivo de alto valor. Ainda mais se você conseguir formar um time e, eventualmente, trazer sócios, que irão complementar o nível de o conhecimento que você já possui.

O empreendedor inteligente só investe naquilo em que ele já navega com muita tranquilidade. Ele nunca coloca dinheiro no escuro, nem corre riscos desnecessários. Se você me perguntar se eu já cometi esse erro: "Mais de uma vez." Já tive restaurante, onde acreditei que, mesmo eu não vindo do ramo, poderia dar certo; já investi em desenvolvimento de um aplicativo para bebidas, o que também não deu certo, dada a complexidade do projeto e minha falta de tempo para me dedicar. Hoje eu invisto em negócios completamente diferentes das empresas que abri inicialmente, considerando sempre dois cenários: se conheço muito bem o negócio e o mercado; ou, caso não os conheça em profundidade, trago pessoas que tenham ótima experiência na área para estarem comigo (sócios, parceiros ou executivos).

Você quer empreender? Então abra um negócio daquilo que você realmente tem conhecimento. Comece dessa forma. Quanto mais você dominar determinado ramo, maiores serão suas chances de prosperar. E se você não for bom o suficiente, ou não tiver grandes conhecimentos do mercado em que deseja atuar? Não se esqueça de que você pode ter sócios extremamente capacitados, basta saber escolher certo. No pior dos casos, reveja a decisão de fazer o negócio agora. Sei que você pode precisar cometer seus próprios erros para aprender, mas tente cometer diferentes daquele que eu já cometi. Agora que você sabe algumas das minhas falhas, espero que eu o ajude a economizar dinheiro.

CONHECIMENTO DO SETOR: eu tenho um entendimento profundo do setor em que meu negócio atua, incluindo os aspectos técnicos dos produtos ou serviços, as tendências de mercado, e as preferências dos consumidores?

CAPACIDADE DE APRENDIZADO CONTÍNUO: estou comprometido e motivado a aprender constantemente sobre meu mercado, mantendo-me atualizado com as inovações e mudanças no setor?

ESCOLHA DE PARCEIROS E EQUIPE: se meu conhecimento não cobre todas as áreas necessárias para o sucesso do negócio, estou disposto a contratar as pessoas certas ou formar parcerias estratégicas que complementem minha expertise?

INVESTIMENTO CONSCIENTE: estou investindo em áreas que conheço bem, e nas quais me sinto confortável para navegar, evitando colocar recursos em projetos de que não entendo completamente?

ESTRATÉGIAS PARA LACUNAS DE CONHECIMENTO: caso eu identifique lacunas em meu conhecimento sobre o negócio ou o mercado, tenho um plano para adquirir esse conhecimento, seja por meio de estudo próprio, contratação de especialistas, formação de sociedades ou parcerias estratégicas?

PRINCÍPIO 63: CONTRATE PROFISSIONAIS MELHORES DO QUE VOCÊ

A força da empresa está mais na qualificação de sua equipe e menos nas habilidades individuais dos líderes.

Permita-me contar uma história sobre dois reinos. No primeiro, o rei/rainha só contrata conselheiros, ministros e colaboradores mais qualificados do que ele/ela. Essa é a regra por ali. Para ocupar um determinado posto no governo, a pessoa precisa mostrar-se altamente capacitada, por vezes com habilidades e conhecimentos superiores aos do grande líder. No segundo, o governante só seleciona quem se mostrar menos qualificado do que ele. Trata-se de uma norma. Ninguém pode superar o mandatário principal, no que se refere a competência e sabedoria. Repare que em ambos os reinos, o poder continua sob controle total do monarca. A única diferença é o perfil da equipe de trabalho.

Seja sincero comigo: qual reino você acha que tem mais chances de prosperar? O primeiro, lógico! Seguindo essa linha de pensamento, qual empresa você acredita que tenha mais possibilidades de crescer e conquistar mais consumidores: aquela em que o empreendedor só contrata profissionais melhores do que ele, ou aquela em que o empreendedor só seleciona profissionais piores? Não tenho dúvida de, outra vez, apontar para o primeiro caso. Sei também, que isso não é fácil de fazer no início de uma empresa ou depois que ela cresce, mas tenha sempre em mente, contratar e desenvolver pessoas melhores que você.

Na hora de montar sua equipe, não tenha medo de escolher as pessoas mais qualificadas disponíveis no mercado. Assim como o rei não perde o trono por ter os melhores conselheiros, ministros e colaboradores (mas corre o risco de perdê-lo por causa da incompetência generalizada de uma equipe de baixíssima formação), você será o líder de uma empresa maior e mais eficiente, se estiver ao lado de bons profissionais. Entendo que uma das principais capacidades que um líder de sucesso possui é trazer as pessoas certas (e mais preparadas), colocar elas nos lugares certos e fazerem ela trabalhar juntas como um só time.

E digo mais: o trabalho do empreendedor que está cercado por um time qualificado é até mais fácil. Quando os problemas aparecem (e eles sempre chegam) e nos momentos mais delicados (crises são uma constante nos negócios), é bom ter a quem recorrer e quem consultar. A decisão final do que fazer sempre será do líder, mas a estratégia e o plano de ação podem (na verdade, devem) ser uma responsabilidade coletiva. Quanto mais competente for a equipe, mais fáceis serão as descobertas das boas soluções para as dificuldades diárias.

Para o bem do seu negócio, não se esqueça: priorize a contratação de profissionais melhores e mais qualificados do que você. Sempre!

SELEÇÃO DE EQUIPE: estou aberto a contratar indivíduos que possam ser mais qualificados do que eu, em suas áreas de especialização, reconhecendo que isso contribuirá para o crescimento e sucesso do meu negócio?

VISÃO DE LIDERANÇA: eu entendo que ser um líder eficaz não significa ser o mais sábio ou o mais habilidoso em todas as áreas, mas sim ser capaz de unir e liderar uma equipe de pessoas talentosas?

CULTURA ORGANIZACIONAL: estou cultivando uma cultura organizacional que valoriza a competência e a contribuição de todos, independente da hierarquia, incentivando uma responsabilidade coletiva nas decisões e estratégias?

GESTÃO DE TALENTOS: tenho a capacidade e a disposição para identificar, recrutar e reter talentos que superem minhas habilidades, proporcionando a eles o ambiente e os recursos necessários para prosperar?

RESOLUÇÃO DE PROBLEMAS E INOVAÇÃO: reconheço que uma equipe diversificada e altamente qualificada é mais capaz de encontrar soluções inovadoras para desafios, e estou preparado para facilitar e apoiar esse processo colaborativo?

PRINCÍPIO 64:
VALIDE SEU PLANEJAMENTO COM OUTRAS PESSOAS

Antes de abrir o negócio próprio, o empreendedor deve se consultar com profissionais de sua confiança e com alta qualificação.

Quando tive a ideia de escrever *os 101 Princípios Essenciais do Empreendedorismo*, eu consultei Eduardo Villela, um dos principais *book advisors* do país. Apresentei para ele a proposta deste livro, e debatemos muito sobre como a publicação deveria ser. Antes que eu começasse a produzir o texto, analisamos o público-alvo, as características da linguagem, a organização dos capítulos e cada um dos princípios que seriam abordados. Não tenho vergonha de dizer que, graças à experiência e à competência do Eduardo, meu livro ficou melhor do que eu havia imaginado originalmente. Graças ao diálogo de qualidade e à troca de opiniões sinceras que tivemos, conseguimos conceber uma obra que me deixou orgulhoso.

Eu poderia ter escrito o livro sem consultar um *book advisor*? Poderia. Eu poderia ter feito a consulta só depois que a obra estivesse pronta? Também poderia. A questão é que essas alternativas não seriam as melhores para o tipo de livro que eu gostaria de publicar. Na primeira hipótese, tenho certeza de que a qualidade do material não teria sido tão elevada. E na segunda hipótese, o índice de retrabalho seria altíssimo.

O que fiz com o livro *Os Princípios do Empreendedorismo*, eu costumo fazer com os principais projetos que coloco em prática. Antes de partir para a ação, consulto profissionais que considero confiáveis, sinceros e qualificados. Apresento para eles minhas propostas de empreendimento e fico aberto aos *feedbacks* (não adianta nada falar as ideias e não aceitar as críticas depois!). A partir daí, melhoramos a ideia e vamos construindo, juntos, o negócio, até que se torne mais viável e interessante aos olhos de todos.

Por que você não replica essa boa prática em seus negócios? Antes de abrir uma empresa, consulte profissionais de sua confiança e de alta qualificação (não adianta perguntar para quem vai sempre concordar com você ou que não tenha experiência no assunto). Valide seus planos com pessoas em quem você confia. Se a maioria delas for contra a sua ideia, vale refletir bastante sobre o que quer fazer, e estudar os pontos críticos trazidos. Se todos ficarem convencidos, as chances de as ideias darem bons frutos, aumentam. O mais normal é que, ouvindo com a atenção os *feedbacks*, você precise reformular seu planejamento. E isso não é ruim. É melhor refazer os planos na fase de concepção do negócio do que depois, quando a empresa já estiver constituída.

CONSULTA A ESPECIALISTAS: estou disposto a buscar e ouvir a opinião de especialistas no campo antes de iniciar meus projetos, reconhecendo o valor que sua experiência e competência podem agregar?

ABERTURA A FEEDBACKS: eu realmente estou aberto a receber *feedbacks*, mesmo que críticos, sobre minhas ideias e projetos, e estou disposto a usar essas informações para aprimorá-los?

ANÁLISE DE VIABILIDADE: antes de prosseguir com uma nova ideia de negócio, eu me dedico a uma análise cuidadosa do público-alvo, características do mercado e viabilidade do projeto, com o apoio de profissionais qualificados?

FLEXIBILIDADE E ADAPTAÇÃO: estou preparado para adaptar ou modificar meus planos com base nos conselhos e *insights* recebidos, entendendo que isso pode melhorar significativamente o potencial de sucesso do meu empreendimento?

ESCOLHA DE CONSULTORES: sei escolher consultores ou conselheiros de confiança que desafiem minhas ideias, garantindo que eu tome as melhores decisões?

PRINCÍPIO 65:
CONHEÇA O PASSADO, ENTENDA O PRESENTE E ANTEVEJA O FUTURO

O empreendedor precisa compreender a linha do tempo completa do mercado de atuação, para planejar seu negócio.

Existem três erros comuns no planejamento empresarial: olhar só para o passado; ater-se exclusivamente ao presente; e vislumbrar apenas o futuro. Qualquer uma dessas opções, inclusive a última, traz riscos. Quem só olha para o passado perde as oportunidades. Quem fica preso ao presente nunca se adianta à concorrência. E quem apenas olha para frente não tira o negócio do papel.

Um bom planejamento deve entender o passado, compreender o presente e antever o futuro. A partir do conhecimento integral da linha do tempo, é possível criar planos de negócios adequados. Imagine que você queira investir em uma produtora de vídeos. Para saber se vale a pena investir nessa área, e em qual segmento do negócio atuar, você terá que relacionar o passado, o presente e o futuro do setor.

Comecemos pelo histórico de produtoras que abriram e fecharam nos últimos anos. Vários negócios voltados para o cinema independente e para a publicidade convencional nasceram e morreram. Depois, você precisa entender o que fazem as companhias atuais. Muitas são voltadas para projetos corporativos e eventos. E, por fim, é preciso ver para onde caminha o setor. A demanda por produção de conteúdo audiovisual será cada vez mais puxada pelas plataformas de *streaming* e pelos influenciadores digitais.

Ciente de tal panorama, que apresentei rapidamente a título de exercício (a investigação do mercado é um trabalho muitíssimo mais profundo), já dá para tomar algumas decisões. Montar uma produtora de filmes parece muito arriscado. Dá para entrar no nicho de produção de conteúdo corporativo e de eventos, mas a concorrência será forte. Investir em produtos para as plataformas de *streaming* exigiria muitos recursos e alto investimento. Já o atendimento aos influenciadores digitais, parece um nicho com bom potencial e que exige menor aporte de capital.

O que você faria? Admito que eu vejo com bons olhos a escolha dos influenciadores digitais como público-alvo da nova produtora audiovisual. Porém, só consegui chegar a essa conclusão, porque estudei o histórico do mercado, avaliei a situação atual e fiz projeções futuras. Nunca abra um negócio sem uma reflexão profunda da linha do tempo do setor!

ANÁLISE DO PASSADO: estou dedicando tempo suficiente para entender o histórico do mercado em que pretendo atuar, aprendendo com as experiências de negócios anteriores para evitar repetir os mesmos erros?

COMPREENSÃO DO PRESENTE: eu estou efetivamente analisando o estado atual do meu setor, incluindo tendências, concorrência, e demanda dos consumidores, para posicionar meu negócio de maneira competitiva?

PROJEÇÃO DO FUTURO: estou fazendo projeções informadas para onde o mercado está se movendo, identificando oportunidades futuras e antecipando mudanças que possam afetar meu negócio?

EQUILÍBRIO DO PLANEJAMENTO: consigo equilibrar a minha atenção entre o passado, presente e futuro no meu planejamento, de forma a criar uma estratégia empresarial sólida e adaptável?

DECISÃO BASEADA EM ANÁLISE TEMPORAL: baseio minhas decisões de negócios em uma análise compreensiva da linha do tempo do setor, garantindo que não estou focando demais no presente e esquecendo as mudanças no futuro?

PRINCÍPIO 66:
ABUSE DA CRIATIVIDADE E INOVE SEMPRE

Enquanto muitos têm medo das inovações, o empreendedor de sucesso não fica parado e está sempre criando algo.

Não tenha medo de inovar. Se é para temer algo, que seja a falta de inovação. Quando uma empresa fica parada no tempo e perde a capacidade de se reinventar para os clientes, aí, sim, ela tem um problema grave. Mais complicado ainda é quando a organização já chega ao mercado com baixo nível de criatividade. Se é para abrir um negócio, o empreendedor tem que trazer alguma diferenciação. Sendo igual aos competidores, a chance de êxito será baixa. Nesse caso, ele lutará para sobreviver em vez de crescer e prosperar.

Quando o assunto é inovação, o empreendedor sempre pensa em produtos e serviços altamente tecnológicos. Porém, inovar é promover melhorias no negócio que agreguem valor aos clientes e que eles estejam dispostos a pagar por ela, ainda que não exista nenhuma tecnologia envolvida. Em muitos casos não é preciso altos investimentos, mas sim, boas ideias e capacidade para colocá-las em prática.

Em muitos casos, a criatividade está ligada intimamente à carência de recursos. Se a pessoa quer algo, mas não tem os recursos para obter, ela simplesmente cria alternativas para suprir aquela falta. Pode reparar que muitas invenções vêm das necessidades, individuais e coletivas, de superar alguma adversidade. Por que o Brasil desenvolveu veículos movidos a álcool combustível? Porque o país não produzia petróleo em quantidade suficiente. Eram tempos da Crise do Petróleo. Mais ou menos naquela época, a Petrobrás começou a desenvolver a tecnologia para a extração de petróleo em águas profundas. Como a estatal não encontrou reservas abundantes de petróleo em terra, precisou procurar no oceano. Ao descobrir reservas no oceano, teve que desenvolver maneiras de extraí-lo.

A necessidade faz com que novas ideias surjam. Quanto maior a necessidade e vontade de se superar, maior é o potencial criativo. Por que as *startups* conseguem ser mais rápidas, ágeis e criativas do que empresas tradicionais? Simplesmente, porque o risco de morrer, e a falta de recursos, ativam o instinto de sobrevivência mais profundo dos empreendedores. Por isso, não venha com a desculpa de que seu negócio não é criativo nem inovador porque é pequeno, tem poucos recursos, possui equipe limitada e tem estrutura acanhada. Saiba que esses são, exatamente, os ingredientes que alimentam a ousadia e a inventividade da equipe. Portanto, estimule a criatividade de seu time de colaboradores.

Se o pequeno negócio não explorar a criatividade do time de colaboradores e não promover inovações nos produtos, serviços e processos no período inicial de operação, dificilmente conseguirá crescer e ganhar destaque no mercado.

PROMOÇÃO DA INOVAÇÃO: estou constantemente buscando formas de inovar em meu negócio, seja por meio de produtos, serviços ou processos, para criar valor adicional para os clientes?

VISÃO ALÉM DA TECNOLOGIA: entendo que inovar não significa necessariamente incorporar as tecnologias mais avançadas, mas sim encontrar maneiras criativas de melhorar o que ofereço, independentemente do nível de tecnologia envolvida?

USO CRIATIVO DE RECURSOS LIMITADOS: estou aproveitando a criatividade e a inovação como meios de superar limitações de recursos, reconhecendo que a escassez pode ser um motor para soluções inventivas?

ESTÍMULO À CRIATIVIDADE DA EQUIPE: eu estimulo e valorizo a criatividade de minha equipe, oferecendo um ambiente onde ideias inovadoras possam ser propostas e exploradas?

DIFERENCIAÇÃO COMPETITIVA: estou me esforçando para diferenciar meu negócio dos concorrentes por meio da inovação, consciente de que sem uma oferta única, será difícil crescer e prosperar no mercado?

PRINCÍPIO 67: COMECE ATUANDO PELOS NICHOS DE MERCADO

A chance maior de êxito está no atendimento a uma parcela específica dos clientes e não ao setor inteiro.

Monte negócios que atendam a nichos de mercado. Monte negócios que atendam a nichos de mercado. Monte negócios que atendam a nichos de mercado. Eu poderia repetir essa frase até o final da página e, ainda assim, seria pouco. Você pode começar uma empresa que atenda a todos os clientes do setor, mas é um tipo de negócio que você tem que saber jogar. Muitas vezes, o melhor é focar esforços, dinheiro e tempo nas necessidades e desejos de uma pequena parcela dos consumidores, que vai valorizar os produtos e serviços e ficará fidelizada. Focando em um único nicho, você pode diferenciar-se e criar valor aos clientes, sem despertar a atenção dos grandes concorrentes.

Quando destaco a importância do atendimento aos nichos, os empreendedores costumam achar que estou maluco. Eles pensam: se concentrarmos as atenções em poucos clientes, aí que a chance de sucesso do negócio será ainda menor; e se já é difícil conseguir compradores normalmente, do novo jeito será impossível. Não é por aí! Repito: um dos caminhos para construir um negócio de sucesso, é selecionar um pequeno grupo de consumidores e atendê-los bem, melhor que os *players* do mercado. Quem quer atender todo mundo não consegue agradar ninguém. Escutei uma frase em inglês de que gosto muito: "Focusing on the niche, you can get rich" (em tradução livre: "Focando no nicho, você pode ficar rico").

Se eu fosse abrir uma loja de roupas, por exemplo, jamais tentaria concorrer com as grandes redes varejistas, que têm unidades gigantescas em shopping centers e oferecem produtos para todos os tipos de clientes (vestuário para mulheres, homens, adolescentes, crianças e bebês, além de calçados, perfumaria, acessórios etc.). Imagine o investimento que eu precisaria fazer! Para completar, como iniciante, eu não teria estrutura para ofertar grande quantidade de itens como minhas concorrentes já estabelecidas, nem poderia praticar preços competitivos (elas possuem centenas, milhares de lojas espalhadas pelo país).

O que eu faria então? Montaria uma loja de nicho. Investiria em um estabelecimento de moda de praia para mulheres que desejassem adquirir biquinis que priorizassem o bem-estar em vez da estética. Meus produtos priorizariam o conforto e não seriam tão ousados. O lema da minha marca seria: roupas para as mulheres que querem aproveitar a praia sentindo-se confortáveis.

Perceba que escolhi um público específico. Assim conseguirei compreendê-lo e atendê-lo melhor do que aqueles negócios que decidiram não se especializar. Sabendo disso, as clientes com esse perfil virão de longe para a minha loja, que não precisa ficar em um shopping. Como tenho poucos concorrentes e um diferencial bem claro, posso até praticar um preço maior do que as lojas de departamento.

IDENTIFICAÇÃO DO NICHO: eu identifiquei um nicho de mercado específico que meu negócio pode atender, considerando as necessidades e desejos particulares desse grupo?

FOCO NA OFERTA: meu negócio está realmente focado em oferecer produtos ou serviços que atendem às demandas específicas desse nicho, em vez de tentar agradar a um público amplo e diversificado?

CONHECIMENTO DO CLIENTE: eu possuo um entendimento profundo sobre o que meu nicho de mercado valoriza, incluindo suas expectativas, preferências e problemas que precisam ser resolvidos?

DIFERENCIAÇÃO COMPETITIVA: meu negócio se diferencia claramente dos concorrentes maiores ao atender esse nicho, seja por meio da qualidade, personalização ou algum outro valor agregado exclusivo aos meus produtos ou serviços?

ESTRATÉGIA DE PREÇO E POSICIONAMENTO: estou confortável em praticar preços que reflitam o valor adicional oferecido ao meu nicho, mesmo que isso signifique cobrar mais do que as grandes lojas de departamento ou concorrentes?

PRINCÍPIO 68: CUIDE BEM DA SUA MARCA

É ainda na fase do planejamento que o empreendedor deve conceber o marketing do negócio de maneira profissional.

Um equívoco comum, que vejo os empreendedores cometerem, é o descuido com o marketing e o *branding*, ou seja, a gestão da marca do negócio. O empreendedor não dá a devida atenção a isso na fase de planejamento da empresa, isto é, só vai pensar a respeito no futuro, quando a companhia já está em operação (e surge alguma dificuldade). E mesmo quando isso acontece, muitos relutam em investir no desenvolvimento mais estruturado dessa área, com pessoas experientes e talentosas.

Meu conselho é: cuide bem da marca desde o início! É na montagem do negócio que o empreendedor deve definir o quanto sua marca será uma prioridade. "Mas isso é fácil", alguém pode pensar. Eu digo: não é! Um bom nome exige muito trabalho. É preciso verificar, no INPI (Instituto Nacional de Propriedade Industrial) se já existem marcas registradas com a denominação que o empreendedor quer, ver se já foram registrados domínios na Internet com os termos cogitados e, saber a opinião dos potenciais clientes sobre o nome desejado. Afinal, uma marca deve agradar ao público consumidor e não ao proprietário, certo? E é bom ver o significado do nome em outras línguas. Vai que o negócio cresce e se internacionaliza. E saiba, que, mesmo que, você faça todo o registra ainda assim pode ter que lutar pela sua marca.

Quando eu estive na sede da Southwest Airlines em Dallas, Texas, tive conhecimento sobre uma curiosa história (e, por que não, divertida) sobre uma luta de braço entre o CEO da Southwest, Herb Kelleher, e o CEO da Stevens Aviation, Kurt Herwald. Em 1990, a Stevens Aviation, da Carolina do Sul, começou a usar o slogan "Plane Smart" para conseguir mais clientes. No ano seguinte, a Southwest Airlines teve a brilhante ideia de criar o slogan "Just Plane Smart". Obviamente, a Stevens processou a rival. Contudo, ao invés de resolverem a disputa em uma longa batalha jurídica nos tribunais norte-americanos, os CEOs acharam uma alternativa inusitada para resolver o litígio: uma luta de braço. Quem vencesse a disputa em uma melhor de três ganharia o direito de usar o slogan. O perdedor teria que fazer doações a instituições de caridade à escolha do vencedor. Vamos concordar que é uma forma inovadora de resolver os conflitos empresariais.

De toda forma, é fundamental que você seja bem orientado ao criar, selecionar e definir qual será sua marca. Se você contrata um contador para cuidar da contabilidade, um arquiteto para gerenciar as obras do seu negócio, por que não contratar um publicitário ou designer para criar sua marca, e um advogado de propriedade intelectual pra registrá-la, hein? Sua marca é o que ficará na mente dos consumidores. Que imagem você quer que eles tenham de você? Ela vai acompanhá-lo o tempo inteiro, em todos os lugares, dali em diante. Tenho certeza de que cuidar de maneira profissional, desde o começo do empreendimento, seu negócio terá um potencial ainda maior de crescer e prosperar.

PRIORIZAÇÃO DA MARCA: estou dando a devida importância ao marketing e ao *branding* desde o início do planejamento do meu negócio, reconhecendo o papel fundamental que a gestão da marca desempenha no sucesso a longo prazo?

DESENVOLVIMENTO DA MARCA: dediquei esforços suficientes para desenvolver um nome e uma identidade de marca que não só me agradam, mas também ressoam com meu público-alvo e estão livres de conflitos legais?

VERIFICAÇÃO E PROTEÇÃO DA MARCA: realizei uma pesquisa abrangente para garantir que o nome da minha marca não esteja em conflito com marcas registradas existentes, domínios na internet, e que seja apropriado em diferentes contextos culturais e linguísticos?

ESTRATÉGIA DE MARKETING INTEGRADA: tenho planos para integrar estratégias de marketing consistentes e eficazes, que construam uma presença forte no mercado desde o início?

INVESTIMENTO EM PROFISSIONAIS: estou disposto a investir em profissionais qualificados, como publicitários, designers e advogados de propriedade intelectual, para assegurar que minha marca seja bem construída, registrada e protegida?

PRINCÍPIO 69: INVISTA NO TREINAMENTO DO SEU TIME

A fase de preparação de uma equipe que almeja grandes resultados começa bem antes do dia do primeiro jogo.

Em 2015, antes da Copa do Mundo de Rúgbi, a equipe da Nova Zelândia, conhecida internacionalmente como All Blacks, estava determinada a conquistar o título. Eles passaram por um treinamento intenso, com foco em aprimorar as habilidades individuais e coletivas, bem como a forma física. O treinador, Steve Hansen, adotou uma abordagem rigorosa ao enfatizar a excelência em todos os aspectos do jogo. Isso incluiu aprimorar técnicas de *tackle*, passes precisos, condicionamento físico aprimorado e uma mentalidade vencedora.

O treinamento foi tão intenso, que os jogadores foram submetidos a simulações de jogos sob pressão e situações de estresse. Eles também receberam apoio psicológico para manter o foco e a confiança. Toda essa preparação levou a uma impressionante campanha na Copa do Mundo de Rúgbi em 2015, na Inglaterra. A equipe dos All Blacks venceu o torneio, conquistando seu terceiro título na competição. Eles demonstraram um alto nível de desempenho, habilidade e resiliência, reforçando sua reputação como uma das melhores equipes de rúgbi do mundo.

Para terem um negócio de sucesso, é fundamental que se vença os concorrentes. E não tem como alcançar a vitória, dentro do mercado, sem investir no treinamento e na capacitação da equipe. Assim como no jogo de rúgbi, o empreendedor precisa preparar o time com antecedência, cuidando, por exemplo, da capacitação técnica, do desenvolvimento de uma mentalidade de dono e da resiliência do time. Cada jogo, no mercado, dependerá de um investimento específico em competências e habilidades, para que se alcance um desempenho superior ao dos adversários.

Sabendo da importância da preparação prévia, por que os empreendedores não investem no treinamento adequado de suas equipes? O que mais vejo, são negócios que só treinam seus times horas antes da inauguração, depois que a empresa está operando ou, acredite se quiser, permitem que seus colaboradores trabalhem sem nenhum tipo de treinamento. Não é preciso dizer que o nível de excelência do trabalho é, nesses casos, baixo e o nível de estresse é alto, o que prejudica a satisfação dos clientes e o clima interno entre os colaboradores.

Agora me responda, por gentileza: que tipo de técnico é você? Você é do tipo que seleciona e treina seu time com semanas ou meses de antecedência, visando grandes conquistas, ou você é do tipo que aproveita os últimos instantes antes da estreia, para combinar algumas jogadas e esboçar uma ou outra tática?

INVESTIMENTO EM TREINAMENTO: estou comprometido a investir no treinamento e na capacitação da minha equipe, reconhecendo que a preparação antecipada e contínua é crucial para superar os concorrentes e alcançar o sucesso?

DESENVOLVIMENTO DE COMPETÊNCIAS: dedico tempo e recursos para desenvolver, não apenas as habilidades técnicas, mas também a mentalidade, a resiliência e o espírito de equipe, necessários para enfrentar os desafios do mercado?

APOIO PSICOLÓGICO E FOCO: entendo a importância de fornecer apoio psicológico aos meus colaboradores, ajudando-os a manter o foco, a confiança e a motivação em situações de alta pressão?

PREPARAÇÃO PARA A PRESSÃO: estou preparando minha equipe para lidar com situações de estresse e pressão, simulando desafios reais que possam enfrentar no mercado, para garantir que estejam prontos para qualquer cenário?

VISÃO DE LIDERANÇA E TREINAMENTO: como líder, vejo-me como um treinador que seleciona, treina e prepara sua equipe para grandes conquistas, dedicando tempo suficiente para essa preparação, em vez de esperar até o último minuto para agir?

PRINCÍPIO 70: NÃO DESCUIDE DO DESENVOLVIMENTO DOS PROCESSOS

Para que o negócio comece de maneira eficiente é importante que o empreendedor defina bem os processos.

Os exemplos que utilizo nas páginas de *101 Princípios Essenciais do Empreendedorismo* são reais e eu os vi acontecendo efetivamente, por mais inacreditáveis que possam parecer à primeira vista. Ao visitar uma academia de ginástica, peguei o proprietário lastimando-se, porque não conseguia contratar bons recepcionistas. Todos que ele colocava no posto falhavam. Até mesmo os profissionais que se destacavam em outras funções, mostravam-se limitados na recepção, que cuidava basicamente do controle de frequência, do registro dos pagamentos e do atendimento, tanto dos alunos atuais quanto dos potenciais clientes.

Curioso para entender o problema, já que o empreendedor era meu amigo, fui à recepção da academia para conversar com os colaboradores. E, em um rápido e franco bate-papo com a equipe, deu para elucidar o enigma. As falhas não eram dos profissionais, e sim da estrutura de trabalho. Por isso os erros viviam se repetindo. A empresa não tinha processos minimamente definidos para controlar a presença dos alunos (algo que um crachá validado na catraca resolveria), registrar os pagamentos (o que um programa qualquer de gestão faria) e a mudança dos horários dos professores (o que deixava os recepcionistas perdidos no momento de informar as atividades aos novos clientes).

O mais assustador, foi perceber que aquele negócio tinha quase duas décadas de vida. Talvez no começo, quando a academia ainda era pequena, a falta de processos adequados devia ser contornada com muita criatividade e astúcia por quem ficava na recepção. Porém, quando a empresa cresceu, o trabalho tornou-se impraticável, por melhor que fossem os profissionais colocados para executar aquela atividade. Muitos empreendedores acabam argumentando que se até hoje nunca precisaram investir tão fortemente em processos e seus negócios continuam de pé, por que teria, quem fazer isso agora? Eles utilizam-se desse argumento para continuar operando da mesma maneira. Mas você já imaginou a quantidade de dinheiro que foi desperdiçado ao longo do tempo? A quantidade de risco que se aceitou? Empreendedores que utilizam o sucesso do passado para justificar a falta de necessidade de mudança são os que acabam quebrando.

A definição, elaboração e treinamento sobre os processos de uma empresa são responsabilidades do empreendedor e precisam ser defendidos por ele diariamente, caso contrários seu negócio não terá bases sólidas para crescer.

Dessa maneira, antes de culpar sua equipe, ou questionar a competência de seus colaboradores, repense se você está cuidando para que sejam treinados em processos bem definidos.

IMPLEMENTAÇÃO DE PROCESSOS: estou comprometido em definir e implementar processos claros e eficazes em minha empresa, para garantir a fluidez das operações diárias e o atendimento eficiente aos clientes?

AVALIAÇÃO DA ESTRUTURA ATUAL: já realizei uma avaliação crítica da estrutura de trabalho atual, para identificar onde a falta de processos definidos está impactando negativamente o desempenho dos meus colaboradores e do negócio, como um todo?

INVESTIMENTO EM TECNOLOGIA: estou disposto a investir em tecnologia e ferramentas de gestão que possam automatizar e otimizar as tarefas rotineiras, melhorando, assim, a eficiência operacional?

TREINAMENTO E CAPACITAÇÃO: dedico tempo e recursos suficientes para treinar minha equipe nos processos estabelecidos, assegurando que todos compreendam suas responsabilidades, e saibam como executá-las corretamente?

VISÃO DE MELHORIA CONTÍNUA: adoto uma postura de melhoria contínua, estando sempre aberto a revisar e aprimorar os processos, conforme o negócio cresce e as necessidades mudam?

FASE IV – PONTO DE PARTIDA

QUAIS SÃO OS PRINCÍPIOS PARA APLICAR NO DIA A DIA DE UMA EMPRESA QUE JÁ ESTÁ FUNCIONANDO?

O empreendedor mais cuidadoso estudou a fundo o setor em que deseja atuar, analisou as oportunidades de mercado, averiguou as viabilidades financeira e comercial do negócio, montou a linha estratégica e definiu o plano de ação para a montagem da sua empresa. Ótimo! Só falta ele colocar as ideias em prática. Só? É agora que as coisas começam a ficar mais emocionantes e difíceis. Por melhor que tenha sido o trabalho na fase de planejamento, na hora de materializar os planos traçados, a tensão sobe a níveis altíssimos e o grau de exigência coloca o empreendedor à prova rapidamente.

O período inicial de um negócio reserva tantos desafios, surpresas e perigos que achei interessante reservar uma parte só para ele em *101 Princípios Essenciais do Empreendedorismo.* Minha ideia é ajudar diretamente você, que está colocando sua empresa para rodar. Quero dar dicas sobre o que fazer, e o que não fazer nas primeiras horas, dias, semanas e meses de operação. Como sabemos, é no estágio inaugural que os empreendimentos apresentam altos índices de mortalidade. Para evitar que seus projetos sejam levados para o cemitério do empreendedorismo, todo cuidado é pouco.

Se você começou recentemente, está começando ou vai começar em breve seu negócio próprio, essa quarta seção do livro é para você. Preste bastante atenção nas próximas páginas, porque tenho muito o que discutir sobre os erros e os acertos das jovens empresas que se aventuram no mercado.

Confira, a seguir, os *30 Princípios para aplicar no dia a dia de uma empresa que já está funcionando.* Nos próximos capítulos, vou discuti-los um a um de um jeito mais detalhado:

PRINCÍPIO 71: Estabeleça e comunique os valores da sua empresa.

PRINCÍPIO 72: Encare a realidade com otimismo.

PRINCÍPIO 73: Esteja presente para o crescimento do negócio.

PRINCÍPIO 74: Seja um solucionador de problemas.

PRINCÍPIO 75: Aprenda rápido e melhore sempre.

PRINCÍPIO 76: Contrate pessoas alinhadas aos valores e propósitos do seu negócio.

PRINCÍPIO 77: Tenha profissionais com habilidades complementares em seu time.

PRINCÍPIO 78: Contrate profissionais com histórico de resultados positivos.

PRINCÍPIO 79: Enxergue e valorize os talentos da sua equipe.

PRINCÍPIO 80: Tenha altos níveis de exigência.

PRINCÍPIO 81: Cuide do ambiente interno.

PRINCÍPIO 82: Monte os setores fundamentais da sua empresa.

PRINCÍPIO 83: Não vise o lucro no início.

PRINCÍPIO 84: Construa sua empresa para durar muito tempo.

PRINCÍPIO 85: Saiba precificar corretamente seu produto e serviço.

PRINCÍPIO 86: Aumente a percepção de valor pelo seu cliente.

PRINCÍPIO 87: Não esqueça de se comunicar.

PRINCÍPIO 88: Priorize o bom atendimento desde o primeiro dia.

PRINCÍPIO 89: Tenha regras claras para a distribuição de lucros de empresa.

PRINCÍPIO 90: Controle o fluxo de caixa.

PRINCÍPIO 91: Meça rotineiramente os resultados.

PRINCÍPIO 92: Atente-se para os custos invisíveis.

PRINCÍPIO 93: Crie uma rotina produtiva.

PRINCÍPIO 94: Reduza os gastos de maneira inteligente.

PRINCÍPIO 95: Seja um líder inspirador.

PRINCÍPIO 96: Promova melhorias no seu negócio.

PRINCÍPIO 97: Tenha um olho na operação e outro na gestão.

PRINCÍPIO 98: Cresça de maneira saudável.

PRINCÍPIO 99: Padronize os processos do seu negócio.

PRINCÍPIO 100: Integre o trabalho da sua equipe.

PRINCÍPIO 101: A base de tudo.

PRINCÍPIO 71: ESTABELEÇA E COMUNIQUE OS VALORES DA SUA EMPRESA

É papel do empreendedor comunicar quais são os comportamentos que são aceitos no negócio.

Na sua casa, as pessoas comem pizza com os talheres ou com as mãos? Dependendo dos hábitos familiares, algo que é banal em um lar, pode ser visto com estranhamento no vizinho. Em uma residência, pode ser normal as pessoas compartilharem as roupas entre si. Em outra, cada indivíduo tem o seu guarda-roupa e ninguém mexe nos itens alheios. Essas diferenças acontecem, porque os valores são distintos. O que para uma pessoa, família, grupo ou sociedade é certo, para outra pessoa, família, grupo ou sociedade pode ser errado.

Sabendo das enormes diferenças culturais, o empreendedor deve estabelecer os valores que nortearão o trabalho em seu negócio. Naquele ambiente corporativo, quais são as regras, comportamentos e crenças que precisam ser colocados em prática e quais não podem ser aplicados?

Pode parecer uma coisa boba, escrever e comunicar os valores do seu negócio para sócios e colaboradores, mas não é. A sociedade e a equipe anseiam por direcionamentos e princípios claros. A maioria das pessoas prefere trabalhar em ambientes onde as regras são explícitas (inclusive para os clientes). Não há nada mais desconfortável do que viver em um grupo onde os valores são mutantes ou imprevisíveis. Se o empreendedor não passar as coordenadas e expectativas dele, o time naturalmente vai criar as próprias regras (que podem ser contrárias às do empreendedor).

Juntamente com os valores, o empreendedor deve estabelecer a missão e a visão da empresa. Com os valores bem claros, fica mais fácil saber quais são os comportamentos que direcionarão os colaboradores a cumprir a missão e alcançar a visão do negócio. Basicamente, a missão é a razão pela qual a empresa nasceu e a visão é aonde ela deseja chegar. Como você espera cativar, motivar e orientar seu time em busca do crescimento e do sucesso se não detalhar o que deseja fazer no presente e onde deseja chegar no futuro? Impossível!

Não consigo imaginar uma empresa abrindo as portas e começando a operação sem que sua missão, visão e valores tenham sido definidos e bem comunicados. Você entraria em um avião sem rota e destino claros? Os valores não são negociáveis, e não existe um melhor que o outro. Todos são importantes e devem ser seguidos. Quando um negócio está fragilizado, um ou mais valores foram desrespeitados. Os valores são os pilares que dão sustentação para que você e sua equipe consigam construir uma cultura forte.

DEFINIÇÃO DE VALORES: dediquei tempo suficiente para definir claramente os valores fundamentais do meu negócio, que determinarão a cultura corporativa e orientarão todas as ações e decisões?

COMUNICAÇÃO DE VALORES, MISSÃO E VISÃO: estou efetivamente comunicando os valores, a missão e a visão da empresa a todos os colaboradores, sócios e aos clientes, garantindo que esses princípios sejam compreendidos e vivenciados diariamente?

ALINHAMENTO COM A MISSÃO E VISÃO: minhas ações, e as operações do negócio, estão alinhadas com a missão estabelecida e a visão de futuro que tenho para a empresa, servindo como um guia claro para onde estamos indo?

CULTURA E COMPORTAMENTO: estou promovendo uma cultura organizacional que reflete os valores da empresa, incentivando comportamentos que contribuam para o cumprimento da missão e a realização da visão?

CONSISTÊNCIA E SUSTENTAÇÃO DOS VALORES: estou monitorando e mantendo a integridade dos valores da empresa, assegurando que permaneçam inegociáveis e fundamentais para a construção de uma cultura empresarial forte e coesa?

PRINCÍPIO 72: ENCARE A REALIDADE COM OTIMISMO

A postura positiva do empreendedor diante da rotina desafiadora tem o poder de contagiar a equipe, os clientes e o ambiente organizacional.

Empreender não é fácil em nenhum lugar do mundo, ainda mais no Brasil. A overdose de problemas e dificuldades é assustadora. Os desafios do empreendedor ficam mais evidentes quando a empresa abre as portas. A sensação é que tudo, e todos, atuam contra a manutenção e o crescimento do negócio. Diante deste cenário que pintei propositadamente com tintas dramáticas, o que você faz? Você encara de frente a realidade complicada com otimismo, alegria e disposição, ou você sucumbe às adversidades da rotina explicitando pessimismo, tristeza e prostração?

O filme *Joy: O Nome do Sucesso* conta a história real de Joy Mangano (interpretada por Jennifer Lawrence), empreendedora norte-americana e inventora de produtos de limpeza doméstica. O longa-metragem relata os diversos desafios enfrentados por ela, até alcançar o sucesso com suas criações. Uma das pessoas que mais colocou obstáculos em seu caminho foi o próprio pai, Rudy Mangano (interpretado por Robert De Niro). Rudy expressa dúvidas e ceticismo em relação às ambições de Joy, criando tensões familiares. No entanto, a história também destaca o crescimento e a determinação de Joy para superar esses obstáculos e alcançar o sucesso como empresária.

Reparo que há muitos empreendedores que acabam vendo somente os obstáculos no dia a dia, algo que o pai de Joy faz o tempo inteiro. Eles colocam os a equipe para baixo e frustram os sonhos de todos. O grande problema do Sr. Mangano é que ele é bastante pessimista. O que acontece à volta dele é encarado com visão negativa. Se ele está perdido em uma cidade, em busca de um restaurante para jantar, já pensa logo que o ambiente deve ser caro e desagradável. Se ele encontra uma oportunidade de negócio para investir, já pensa que não vai dar certo, mesmo sem conhecer o ramo. Para quem pensa dessa forma, nada na vida dará certo.

Em oposição, há empreendedores que são legítimas cópias de Joy. Ou seja, pessoas que exalam otimismo. Diferente do pai, ela encara a vida com entusiasmo e esperança. Joy é aquele tipo de pessoa que vê solução para todo tipo de problema, e não aquela que busca um problema para todo tipo de solução.

A maneira como o empreendedor encara os desafios do mundo dos negócios acaba influenciando a equipe, os parceiros, os sócios e os clientes. O ambiente organizacional é totalmente distinto em uma empresa com pessoas pessimistas e em uma empresa com pessoas positivas.

No papel de empreendedor, você é Joy ou você é Rudy?

REAÇÃO AOS DESAFIOS: diante dos problemas e dificuldades inerentes ao empreendedorismo, eu costumo encarar a realidade complicada com otimismo, alegria, e disposição, ou tendo a sucumbir às adversidades com pessimismo, tristeza e prostração?

VISÃO SOBRE OBSTÁCULOS: eu me vejo mais como uma pessoa que, ao enfrentar obstáculos, busca soluções e oportunidades de crescimento, ou tenho a tendência de me concentrar nos aspectos negativos, duvidando da viabilidade dos meus projetos?

INFLUÊNCIA NO AMBIENTE ORGANIZACIONAL: como minha atitude em relação aos desafios do negócio influencia minha equipe, parceiros, sócios e clientes? Eu contribuo para criar um ambiente positivo e motivador, ou acabo, sem querer, espalhando pessimismo e desânimo?

GESTÃO DE EXPECTATIVAS: quando me deparo com uma nova oportunidade de negócio, minha reação inicial é de ceticismo e dúvida, similar ao pai de Joy, ou eu abordo a oportunidade com uma mente aberta, disposto a explorar seu potencial antes de fazer um julgamento?

PERSPECTIVA SOBRE SUCESSO E FRACASSO: eu acredito que o sucesso é resultado de persistência e otimismo diante dos desafios, ou tendo a ver os fracassos e obstáculos como sinais de que não devo prosseguir?

PRINCÍPIO 73:
ESTEJA PRESENTE PARA O CRESCIMENTO DO NEGÓCIO

A fase inicial da empresa é o momento que exige mais atenção, energia e cuidado do empreendedor.

Gosto de comparar a criação das empresas ao nascimento dos filhos. As presenças materna e paterna serão sempre importantes para o bem-estar e o amadurecimento da pessoa, independentemente da idade que ela tenha. Porém, para um recém-nascido, o cuidado e a atenção dos pais fazem-se mais necessários do que nunca. Nos primeiros dias, semanas e meses, é inconcebível deixar o bebê sozinho e sem a devida vigília. Qualquer choro, ou incômodo, chama a atenção da família para saber se está tudo bem e o que deve ser feito.

À medida que o filho cresce, as demandas permanecem, mas perdem em nível de intensidade e urgência. Não é mais necessário passar o dia supervisionando a criança tão de perto e o tempo inteiro. Quando se torna adolescente, a pessoa ganha naturalmente mais autonomia e adquire certa liberdade. Uma vez adulta, passa a caminhar com total independência, cabendo aos pais apenas orientação e apoio. O mesmo acontece na natureza, ao observamos diferentes espécies ao cuidar de seus filhos. Em um primeiro momento existe uma extrema dedicação até que eles consigam caminhar com as próprias pernas. Um filho que não tem a devida proteção dos pais, logo após seu nascimento, tem altas chances de não sobreviver.

A relação do empreendedor com sua empresa, passa pelos mesmíssimos estágios da criação dos filhos. Na abertura do negócio próprio, o empreendedor precisa dedicar-se quase que integralmente ao empreendimento que foi recém-criado. Sua presença, sua atenção e suas decisões moldarão o bem-estar e a saúde daquela organização. Qualquer descuido pode ser fatal ou comprometedor para algo tão pequeno, frágil e dependente.

À medida que a empresa cresce, amadurece e ganha autonomia, o empreendedor muda sua relação com ela. Porém, nos primeiros dias, semanas e meses, seu olhar e seu trabalho são tão intensos e estressantes quanto os de um pai e de uma mãe com um filho pequeno em casa. Se você não tiver muita preocupação, não possuir grande disponibilidade de tempo e não estiver preparado para encarar o estágio de grande dependência do seu negócio, as chances de êxito empresarial caem significativamente.

Pense nisso quando as portas da sua empresa abrirem. Sócios, colaboradores, fornecedores, parceiros e clientes vão demandar muito trabalho de você e sua presença será fundamental.

DEDICAÇÃO INICIAL: eu estou disposto a dedicar o tempo e a atenção necessários nos estágios iniciais do meu negócio, assim como os pais fazem com um recém-nascido, entendendo que esse período requer vigilância constante e esforço intensivo?

AJUSTE DE PAPEL: estou preparado para ajustar meu papel e nível de envolvimento, à medida que meu negócio cresce e amadurece, semelhante à mudança de cuidados que uma criança necessita, à medida que passa por diferentes fases de desenvolvimento?

PREPARAÇÃO PARA AUTONOMIA: eu estou construindo uma base sólida para meu negócio, de modo que, com o tempo, ele possa operar com autonomia, assim como um adulto se torna independente dos pais?

APOIO CONTÍNUO: mesmo quando o meu negócio se tornar mais independente, estou comprometido a oferecer orientação e apoio contínuos, reconhecendo a importância da minha presença após a fase de dependência?

RESPOSTA A DESAFIOS: eu estou preparado para identificar e responder prontamente a quaisquer sinais de incômodo ou desafios que meu negócio enfrente, da mesma forma que os pais atendem às necessidades de seus filhos, independentemente da fase de crescimento?

PRINCÍPIO 74: SEJA UM SOLUCIONADOR DE PROBLEMAS

Empreender é resolver problemas, mesmo aqueles que não parecem ter nenhuma solução.

Empreender é conviver com problemas diariamente, alguns fáceis de resolver, outros extremamente complexos. Vicente Falconi, um dos principais consultores de gestão do Brasil, diz, com recorrência, que gerenciar uma empresa nada mais é do que resolver seus problemas. E não importa o ramo de atividade, o tamanho e os anos de atuação, os problemas surgem o tempo inteiro. Gosto de utilizar a definição do Falconi para um problema, que nada mais é do que a diferença entre o resultado que se tem hoje e a meta que se desejar alcançar. Ou seja, problema está relacionado às lacunas que você precisa resolver para melhorar seu desempenho.

Se você não se enxergar como um solucionador de problemas, talvez abrir um negócio próprio se torne rapidamente um fardo. O empreendedor é alguém que vive esperando as dificuldades e, automaticamente, age para encontrar as melhores respostas para superá-las. Cada obstáculo suplantado é a certeza de que está no caminho certo em direção ao sucesso. E por melhor que tenha sido seu planejamento e por mais competente que seja o trabalho, ainda assim os problemas vão insistir em aparecer, quando a empresa começar a operar (na maioria das vezes, eles vêm até mesmo antes). E um empreendedor de sucesso é obcecado por resolver problemas.

Uma história notável sobre reviravolta em um ambiente empresarial, que não parecia ter solução aconteceu com a Disney. Nos anos 2000, a Disney estava passando por um período de declínio em sua divisão de animação, com uma série de lançamentos malsucedidos e perda perceptível de criatividade. Enquanto isso, a Pixar estava experimentando um tremendo sucesso com filmes como "Toy Story", "Procurando Nemo" e "Os Incríveis". Em 2006, a Disney, sob a liderança do CEO Bob Iger, adquiriu a Pixar por meio de um acordo de bilhões de dólares. Isso marcou uma mudança significativa na abordagem da Disney em relação à animação e à criatividade. Com a aquisição da Pixar, a Disney trouxe a criatividade e aa visão de Steve Jobs e de John Lasseter para a empresa.

Nunca perca de vista que ter problemas é normal e solucioná-los é positivo para a empresa, que adquire aprendizados e maturidade para a sequência da caminhada. Quanto maiores e mais difíceis forem os obstáculos superados, mais forte estará o seu negócio. Quanto mais pessoas participarem da solução, e quanto mais coletivo tiver sido o trabalho de obter uma boa notícia, mais empoderado ficará seu time de colaboradores.

E aí, qual o problema que você vai resolver agora?

IDENTIFICAÇÃO COMO SOLUCIONADOR DE PROBLEMAS: eu me vejo como um solucionador de problemas, pronto para enfrentar e resolver os desafios diários, que surgem no caminho do empreendedorismo?

REAÇÃO AOS DESAFIOS: como eu reajo diante dos problemas que aparecem no meu negócio? Eu os vejo como obstáculos insuperáveis ou como oportunidades para aprender e melhorar?

ABORDAGEM PARA RESOLUÇÃO DE PROBLEMAS: tenho uma metodologia ou abordagem sistemática para identificar, analisar e resolver os problemas que meu negócio enfrenta?

CAPACIDADE DE SUPERAR OBSTÁCULOS: eu consigo manter a resiliência e a determinação, mesmo quando enfrento problemas complexos e desafiadores, buscando soluções criativas e eficazes?

CULTURA DE RESOLUÇÃO DE PROBLEMAS: eu promovo uma cultura, dentro do meu negócio, que valoriza a participação coletiva na solução de problemas, empoderando minha equipe e incentivando a colaboração e o compartilhamento de ideias?

PRINCÍPIO 75: APRENDA RÁPIDO E MELHORE SEMPRE

O segredo das empresas que conseguem crescer está na capacidade de corrigir rapidamente suas falhas.

Tão logo o negócio é aberto, começam as intensas transformações da empresa. Não há etapa de maiores ensinamentos, oportunidades de melhoria e mudanças de uma organização como no início de sua operação. Há muitas coisas que os sócios não tinham sequer cogitado no estágio de planejamento e se mostram agora essenciais. E a equipe de colaboradores descobrirá, na prática, uma série de outras coisas que não sabia. Os primeiros dias, semanas e meses do negócio constituem um período riquíssimo. Há aquisição de muito conhecimento, a equipe compartilha vários aprendizados e a organização ganha maturidade.

Um tipo de empresa que deve servir de inspiração para os empreendedores é a *startup*. Tradicionalmente, esse modelo de empreendimento aprende extremamente rápido e consegue efetuar alterações significativas em seu modelo de negócio. Se você ficar um mês sem visitar a startup, pode encontrar tudo diferente (processos, produtos e serviços, equipe, instalações) na nova visita. Essa capacidade transformadora é fruto da estrutura organizacional voltada para a reação às oportunidades capturadas no mercado. Quanto mais se descobre, mais dá para fazer. Quanto mais se faz, maior é a necessidade de validação dos caminhos percorridos. Aí observa-se, estuda-se e avalia-se ainda mais o mercado, o que gera mais e mais informações. É uma bola de neve (e de aprendizados) que só se avoluma com o passar do tempo.

É curioso comparar o nível de transformação das *startups* ao das grandes organizações, que são comumente lentíssimas para promover mudanças e reagir às novidades do mercado. Há companhias gigantescas que são elefantes brancos, com burocracias e processos que impedem a inovação e as melhorias. A sensação que temos ao pisar nessas empresas, é que elas já possuem as respostas para todos os questionamentos possíveis. Quem visita uma delas tem a impressão de que não há nem muitos aprendizados nem novos conhecimentos sendo adquiridos naqueles ambientes.

Na fase inicial do negócio, molde sua empresa como se ela fosse uma *startup* e, conforme ela for crescendo, faça com que ela fique cada vez mais estruturada, sem perder a velocidade que tinha no início. Dessa maneira, você e sua equipe poderão aproveitar mais e melhor os aprendizados obtidos e conseguirão promover revoluções na gestão e no atendimento, com a velocidade exigida pelos clientes.

ADAPTAÇÃO E APRENDIZADO: estou aberto e adaptável às mudanças e aprendizados que surgem nos estágios iniciais do meu negócio, reconhecendo que este é um período crucial para o desenvolvimento e a maturação da empresa?

MENTALIDADE DE STARTUP: estou mantendo uma mentalidade de *startup*, focada na agilidade e na capacidade de implementar mudanças rápidas em resposta às novas descobertas e às necessidades do mercado?

PROCESSOS E ESTRUTURA: à medida que meu negócio cresce, estou conseguindo encontrar o equilíbrio entre torná-lo mais estruturado, sem perder a flexibilidade, e velocidade de adaptação características das fases iniciais?

CULTURA DE INOVAÇÃO: estou promovendo uma cultura organizacional que valoriza a inovação contínua, o aprendizado e a disposição para testar novas ideias, mesmo que isso signifique desafiar processos estabelecidos?

CAPACIDADE DE ADAPTAÇÃO: minha empresa consegue se adaptar às mudanças do mercado tão rapidamente quanto *startups* ágeis? Tenho mantido a flexibilidade necessária para inovar e evoluir de forma contínua?

PRINCÍPIO 76:
CONTRATE PESSOAS ALINHADAS AOS VALORES E PROPÓSITOS DO SEU NEGÓCIO

Você descobrirá a real força da sua equipe quando todos estiverem alinhados com os mesmos valores.

A primeira tarefa para montar uma boa equipe de trabalho é definir previamente os valores, as competências e as experiências que as pessoas precisam ter. A partir daí, deve-se iniciar a seleção. A primeira coisa que avalio, durante uma contratação, são os princípios e os valores dos candidatos. Não estou dizendo para contratar pessoas que pensam como você e que façam tudo exatamente do jeito que você gostaria que fosse feito. Mas sim, você deve trazer pessoas que estejam alinhadas com o que você acredita, e com a forma que você gostaria que elas se comportassem.

Lembra que você definiu os elementos da cultura da sua organização na fase de planejamento? Não comece a contratar sem que tenha isso minimamente claro. Trazer as pessoas erradas pode ser fatal para o seu negócio. Definido isso, agora é a hora de usá-los para escolher a equipe de trabalho. Muitos empreendedores acham difícil selecionar as pessoas a partir dos valores, mas deixe-me dar uma dica bem simples: faça uma entrevista de, pelo menos uma hora, e faça perguntas como se estivesse no primeiro encontro com uma pessoa por quem você está realmente interessado. Com boas perguntas e um tempo mínimo de dedicação, você vai sentir quem está do outro lado da mesa.

Imagine que você queira montar um restaurante que tenha como diferencial o atendimento. Para tal, você definiu como alguns dos valores da empresa: a atenção às necessidades dos clientes, a postura proativa da equipe e o atendimento amigável. Sabendo disso, o que o empreendedor deve avaliar nos candidatos ao cargo de garçom? Se ele é sorridente, se tem iniciativa para resolver problemas, se é cuidadoso ao tirar os pedidos e se tem atenção ao que está acontecendo no salão. Note que esse é o conjunto de pré-requisitos. Só depois de atendê-lo, vamos discutir a experiência e a competências do profissional.

Se chegar um candidato com a cara amarrada, com dificuldade de comunicação, pouco atento, sem iniciativa e com dificuldade para se relacionar, o dono do restaurante não deve contratá-lo, por mais experiente e competente que possa ser. Esse profissional terá muitíssima dificuldade para se moldar à cultura do negócio e, certamente, nunca apreciará os princípios organizacionais por irem contra à sua personalidade.

Quando fazemos uma contratação, integramos alguém que vai compartilhar os sonhos da empresa. Acho impensável a vinda de uma pessoa que não esteja alinhada aos valores, à missão e à visão do negócio. Leve em conta essa dica, quando você for montar seu próprio time.

DEFINIÇÃO DE VALORES E CULTURA ORGANIZACIONAL: antes de iniciar o processo de seleção, eu defino claramente os valores, competências e experiências que considero fundamentais para a minha equipe, alinhados à cultura da minha organização?

AVALIAÇÃO DE PRINCÍPIOS E VALORES DOS CANDIDATOS: durante as entrevistas de contratação, eu priorizo a avaliação dos princípios e valores dos candidatos, para assegurar que estejam alinhados com o que eu acredito e com a forma que desejo que se comportem na minha empresa?

PROCESSO DE ENTREVISTA: eu me dedico a conduzir entrevistas profundas e significativas, utilizando perguntas que me permitem realmente conhecer os candidatos, e sentir se estão alinhados com a cultura da empresa?

CRITÉRIOS DE SELEÇÃO BASEADOS EM VALORES: ao selecionar membros para a minha equipe, eu considero os valores e a postura dos candidatos, tão ou mais importantes, que suas competências e experiências técnicas, especialmente para funções que demandam interação direta com clientes?

INTEGRAÇÃO DE NOVOS MEMBROS À CULTURA EMPRESARIAL: eu reconheço a importância de integrar à minha equipe, pessoas que compartilham dos sonhos, valores, missão e visão da empresa, e levo isso em consideração, acima de tudo, no processo de contratação?

PRINCÍPIO 77:
TENHA PROFISSIONAIS COM HABILIDADES COMPLEMENTARES EM SEU TIME

Negócios com equipes homogêneas têm normalmente desempenhos limitados e se tornam empresas pouco versáteis.

Um erro comum que os empreendedores cometem no início de suas empresas é contratar times muito homogêneos. Sem pensar no perfil da equipe, eles selecionam quase que intuitivamente, colaboradores dentro de um mesmo padrão e com habilidades muito parecidas. O problema é que o desempenho do negócio fica seriamente comprometido. Quando todos da empresa possuem as mesmas competências, o que fazer quando se precisa explorar novas soluções para um problema de alta complexidade? Esse é justamente o risco de se ter grupos de trabalho tão homogêneos. A baixa diversificação dificulta a capacidade criativa.

A partir dessa visão mais plural, dê preferência para a montagem de times com habilidades e competências complementares. Se você tem alguém bom na comunicação interpessoal, tenha também alguém que consiga fazer análises numéricas. Se um colaborador for muito criativo, o outro deve ser mais sistemático. Se a equipe de vendas tiver um profissional talentoso na condução de reuniões, tenha outro profissional com desenvoltura para a produção de relatórios e propostas. Se tem um engenheiro no time, contrate depois um publicitário.

A Salesforce, uma das principais empresas de software e serviços em nuvem do mundo, é conhecida por seu compromisso com a diversidade e a inclusão em sua força de trabalho. A empresa implementou várias iniciativas para contratar pessoas com perfis diferentes, e promover um ambiente de trabalho inclusivo. Um exemplo notável é o cargo de Chief

Equality Officer (Diretor de Igualdade), que foi ocupado por Tony Prophet. Prophet liderou os esforços da Salesforce para promover a igualdade de oportunidades na empresa, garantindo que a diversidade e a inclusão fossem prioridades em todas as áreas da organização. A empresa também estabeleceu metas ambiciosas para a contratação de grupos até então sub-representados, incluindo mulheres e minorias étnicas.

Outra característica positiva das equipes heterogêneas, é que elas têm maior potencial de serem mais criativas do que as equipes homogêneas. As diferenças de perfil, habilidade, conhecimento e formação costumam levar à multiplicação de pontos de vistas e à geração de novas ideias. É a partir daí que surgem tantas soluções interessantes e inusitadas para os velhos problemas da empresa. Esse é justamente um dos principais motivos que tem levado as grandes companhias a buscar, incessantemente, uma maior pluralidade de suas equipes de trabalho. Pessoas diferentes tornam o negócio mais preparado para enfrentar os desafios do dia a dia.

AVALIAÇÃO DE DIVERSIDADE: eu analiso ativamente a diversidade de habilidades, experiências e perspectivas dentro da minha equipe, ao fazer contratações, garantindo um amplo leque de competências que complementam umas às outras?

COMPLEMENTARIDADE DE COMPETÊNCIAS: minha estratégia de contratação busca intencionalmente pessoas com competências complementares, de modo a equilibrar criatividade com capacidades analíticas, habilidades interpessoais com competências técnicas, entre outras combinações?

INCLUSÃO E DIVERSIDADE: estou comprometido em promover um ambiente de trabalho inclusivo, que não apenas acolha, mas também valorize ativamente as diferenças individuais, contribuindo para uma cultura empresarial rica e diversificada?

ABERTURA A NOVAS IDEIAS: minha liderança e estrutura organizacional incentivam a expressão de diferentes pontos de vista e a geração de novas ideias, reconhecendo o potencial criativo das equipes heterogêneas?

DESAFIO AO STATUS QUO: eu me esforço para questionar e superar padrões de contratação homogêneos, buscando ativamente candidatos que possam trazer novas perspectivas e abordagens para os desafios empresariais?

PRINCÍPIO 78:
CONTRATE PROFISSIONAIS COM HISTÓRICO DE RESULTADOS POSITIVOS

Ao conhecer o passado do candidato, o empreendedor consegue projetar como será sua atuação e contribuição na empresa.

Cada empreendedor tem um método específico para contratar os melhores colaboradores. O que eu faço, e que funciona perfeitamente nas minhas empresas, é buscar pessoas com histórico de bons resultados. Parto do princípio de que o profissional competente deixa boas marcas por onde passa, independentemente do cargo. Assim, na entrevista para o novo emprego, o candidato deve me mostrar seus êxitos anteriores. Se ele não tiver um histórico de ações marcantes, e de resultados positivos, eu não contrato. Ponto.

Essa foi uma das maneiras que encontrei para avaliar, com mais rigor, os candidatos aos empregos nas minhas empresas. Em conversas francas, procuro saber quais foram suas principais conquistas profissionais e suas maiores realizações. Aproveito para debater seus grandes medos e suas maiores frustrações, e conhecer seus hábitos pessoais, suas ambições, a trajetória de vida dos pais e suas relações familiares. Acredito que o passado de alguém não diz tudo sobre a pessoa, mas é um excelente indicativo de como ela vai se comportar no futuro. O passado de alguém não pode ser ignorado. Portanto, para saber entender seu potencial, vejo como ela age ou agiu até aqui. O que ele fez, o que aprendeu e o que ainda precisa aprender para se qualificar?

Quando conto sobre o meu método de seleção, sempre há alguém que me questiona: "E o candidato novato que não tem nenhuma conquista para relatar, hein?" O jovem candidato pode não ter trabalhado ainda, mas frequentou a escola por muitos anos e participou de atividades pessoais com os irmãos, familiares e amigos. Já integrou um time amador de algum esporte, fez parte do grupo na igreja ou tocou em uma banda. Nessas ocasiões, o que ele fez que seja motivo para se orgulhar? O que fez de bom, que deixou as pessoas maravilhadas? Perceba que a busca pelo histórico de êxito não está ligada apenas às questões profissionais. Até o candidato inexperiente pode ter um passado de realizações e resultados positivos.

A história de Chris Gardner foi interpretada por Will Smith no filme *À Procura da Felicidade*. Gardner enfrentou inúmeras dificuldades pessoais, incluindo a falta de moradia e problemas financeiros; mesmo assim, não desistiu. Sua determinação e resiliência ficaram evidentes na jornada para superar esses obstáculos. Sua história serve como um exemplo de que observar o passado das pessoas, compreendendo suas características e atitudes, pode ser uma base valiosa para decisões de contratação

AVALIAÇÃO DE HISTÓRICO DE SUCESSO: eu sempre procuro evidências de sucesso anterior e realizações marcantes nos candidatos durante o processo de seleção, independentemente de sua experiência profissional?

VISÃO HOLÍSTICA DO CANDIDATO: além de sucessos profissionais, eu considero conquistas pessoais, como atividades extracurriculares, hobbies, e envolvimento comunitário, como indicadores importantes do potencial do candidato?

ENTENDIMENTO PROFUNDO DO CANDIDATO: eu dedico tempo para conhecer profundamente os candidatos durante as entrevistas, explorando suas maiores conquistas, desafios superados, medos, frustrações e aprendizados ao longo da vida?

FLEXIBILIDADE PARA INEXPERIÊNCIA: eu estou aberto a considerar candidatos sem experiência profissional significativa, avaliando-os com base em suas realizações em outros aspectos da vida e no potencial de contribuição para a empresa?

VALORIZAÇÃO DO POTENCIAL DE CRESCIMENTO: eu reconheço e valorizo o potencial de crescimento dos candidatos, considerando o que eles aprenderam com suas experiências passadas, e como isso pode ser aplicado para superar futuros desafios na minha empresa?

PRINCÍPIO 79:
ENXERGUE E VALORIZE OS TALENTOS DA SUA EQUIPE

O crescimento da organização passa pela identificação, desenvolvimento e reconhecimento das pessoas.

É função do empreendedor desenvolver a equipe. E como se faz para criar e manter um time competente? A seleção e o treinamento são parte desse processo. Porém, é importante o empreendedor não parar por aí. Ele precisa compreender que a evolução dos colaboradores exige tempo e dedicação, de ambas as partes. Tão importante quanto as competências da equipe, são as habilidades e interesse dele em continuar lapidando cada um dos membros.

Entre as principais qualidades do líder, está a capacidade de enxergar os talentos do time e de valorizá-los. Enxergar os talentos tem várias implicações práticas. Ao iniciar um novo negócio, os colaboradores recém-contratados ainda não tiveram muito tempo para demonstrar a real capacidade deles, por isso é essencial que o líder continue avaliando as pessoas, não só pelas entregas imediatas, mas principalmente pelo potencial. Bons líderes têm o olhar acurado para identificar as futuras grandes estrelas da organização.

Além disso, é recomendável dar algumas chances para os colaboradores. Ao invés de mandá-los embora ao primeiro resultado negativo ou à incompatibilidade com a função, pode-se, por exemplo, testá-los em outras posições. Conheço vários profissionais que, uma vez transferidos de área, passaram a brilhar e, a partir dali, galgaram posições, chegando aos postos de liderança. Porém, para fazer isso, o líder precisa identificar as qualidades dos colaboradores, conhecer as necessidades das funções e alocar as pessoas nos lugares certos. Não aloque pessoas por medo de demitir, mas sim por você acreditar que uma nova posição pode extrair o real potencial dela.

Também é fundamental valorizar os talentos da equipe, aqueles que acabam de destacando mais que os outros. Encontrar profissionais qualificados, dedicados e com os mesmos valores da empresa não é normalmente uma tarefa tão fácil. E ao encontrá-los, é fundamental que você trabalhe na retenção destes colaboradores e não os deixe ao acaso ou sob a responsabilidade unicamente da área de Recursos Humanos. Em nome do sucesso do negócio, não cometa esse equívoco. O bom líder sabe, depois de reconhecer e lapidar o talento, que deve pessoalmente segurá-lo na equipe. Pessoas que acreditam no líder, e percebem o real interesse dele em desenvolvê-las, desejam permanecer em seus empregos. Uma pessoa até aguenta ficar numa empresa ruim se tiver um bom líder, mas não aguenta ficar em uma boa empresa com um líder ruim.

Se você não sabe o que fazer para aumentar a retenção da sua equipe, comece pelo reconhecimento do trabalho dos melhores colaboradores. Faça elogios espontâneos, por exemplo, e valorize o desempenho deles por meio de remuneração variável, bonificação ou premiação.

IDENTIFICAÇÃO DE TALENTOS: estou ativamente envolvido na identificação dos talentos dentro da minha equipe, buscando não apenas avaliar o desempenho atual, mas também o potencial futuro de cada colaborador?

FLEXIBILIDADE E ADAPTAÇÃO DE PAPÉIS: demonstro flexibilidade ao oferecer oportunidades para meus colaboradores, em diferentes áreas ou funções, antes de considerar a demissão, especialmente quando acredito no potencial deles para contribuir de outra forma?

VALORIZAÇÃO E RECONHECIMENTO: estou efetivamente reconhecendo e valorizando os talentos da minha equipe, utilizando elogios, remuneração variável ou outras formas de apreciação para motivá-los e reter os melhores profissionais?

DESENVOLVIMENTO CONTÍNUO: comprometo-me com o desenvolvimento contínuo dos membros da equipe, investindo tempo e recursos para aprimorar suas habilidades e competências, e assim, maximizar seu potencial?

CULTURA DE RETENÇÃO: criei uma cultura organizacional que enfatiza a importância de reter talentos, reconhecendo que a retenção de colaboradores valiosos é crucial para o sucesso a longo prazo do negócio?

PRINCÍPIO 80: TENHA ALTOS NÍVEIS DE EXIGÊNCIA

Para cumprir a missão do seu negócio, você deve cobrar que o seu time trabalhe com excelência.

Quando penso no desenvolvimento dos meus negócios, eu os enxergo como se estivesse em uma missão de guerra, onde quem conseguir atingir seu objetivo vai sobreviver, e quem não conseguir, vai sair derrotado. Existem empresas que até já pegaram emprestadas diversas práticas do ambiente militar, dado o seu nível de exigência e disciplina, para desenvolver uma equipe de pessoas altamente capacitadas. Talvez você não saiba, mas os seguintes conceitos surgiram muito antes da existência das empresas modernas: hierarquia, cadeia de comando, gestão de crises, lideranças pelo exemplo, entre outros. Muitas dessas práticas foram, e continuam sendo realizadas por muitas empresas, para buscar o mais alto nível de eficiência nos negócios.

Os Navy SEALs, uma das unidades de operações especiais da Marinha dos Estados Unidos, têm um dos treinamentos mais exigentes do mundo. A preparação dos SEALs é conhecido por sua dificuldade e rigor. Ele é projetado para selecionar apenas os candidatos mais aptos e determinados. O treinamento é dividido em várias etapas, cada uma com seu próprio conjunto de desafios. Só para você ter uma ideia, um dos seus treinamentos é o BUD/S (Basic Underwater Demolition/SEAL), que é dividido em três fases: Fase 1 (treinamento de condicionamento físico e mental), Fase 2 (treinamento de combate subaquático e natação de longa distância) e Fase 3 (treinamento terrestre e paraquedismo). Os candidatos enfrentam testes rigorosos de resistência, privação de sono, natação de longa distância, corrida em areia, treinamento em combate e táticas militares.

Para que uma empresa cumpra com a missão dela, é fundamental que o proprietário seja exigente e possua alto nível de cobrança. E quando ele faz isso, a equipe naturalmente passa a trabalhar mais e melhor. Ninguém aceita um desempenho ruim ou a entrega de atividades medíocres. Ao construir uma cultura de alto desempenho, a própria equipe passa a não tolerar mais resultados medíocres. No entanto, quando estamos em uma empresa em que o sócio é pouco exigente, e não tem elevado nível de cobrança, a equipe trabalha naturalmente menos e pior.

Muitas vezes seu negócio parou de entregar os mesmos resultados que entregava, porque você se tornou refém do seu sucesso. Com o desempenho melhorando e as expectativas financeiras sendo atingidas, o empreendedor acaba baixando a guarda e diminuindo as cobranças. Para que isso não aconteça, recomendo que você implante uma cultura de meritocracia, onde todas as pessoas conheçam suas metas e sejam reconhecidas ao atingi-las. E quando as metas forem superadas, você e o time devem definir novas ainda mais desafiadoras para o ano seguinte. O resultado que você espera para o seu negócio dependerá da sua postura e do nível de exigência com relação a sua equipe.

Como você avalia o seu nível de cobrança atual com relação a seu time? Você vem aceitando um desempenho medíocre, ou exige que a equipe tenha o mais alto padrão de excelência?

ADOÇÃO DE PRÁTICAS DE ALTO DESEMPENHO: estou disposto a incorporar práticas de alto desempenho e disciplina, similares às utilizadas por *startups* bem-sucedidas e grandes empresas, para desenvolver uma equipe altamente capacitada?

NÍVEL DE EXIGÊNCIA E COBRANÇA: eu mantenho um alto nível de exigência e cobrança, incentivando minha equipe a superar constantemente seus limites e a não se contentar com resultados medíocres?

CULTURA DE MERITOCRACIA: estou promovendo uma cultura de meritocracia na minha empresa, onde as metas são claras e os colaboradores são reconhecidos e recompensados por seus resultados?

EVOLUÇÃO CONTÍNUA DAS METAS: após atingir metas estabelecidas, eu desafio minha equipe, e a mim mesmo, com objetivos ainda mais ambiciosos, para garantir que não nos tornemos complacentes com o sucesso alcançado?

INFLUÊNCIA DO LÍDER NA CULTURA DE DESEMPENHO: reconheço que a postura e o nível de exigência do líder têm um impacto direto na cultura de desempenho da empresa e estou comprometido em ser um modelo de excelência para minha equipe?

PRINCÍPIO 81: CUIDE DO AMBIENTE INTERNO

Equipes com clima positivo apresentam melhores desempenho e contribuem mais para o crescimento do negócio.

O que você acredita que deve ser feito, em primeiro lugar, numa organização? Primeiro focar no resultado financeiro positivo da empresa para depois o clima melhorar, ou primeiro investir no clima para que o resultado melhore? Você acredita que os resultados positivos do negócio levam a um ambiente feliz para se trabalhar ou é o clima positivo que leva ao bom desempenho organizacional? O que é causa e o que é consequência entre essas duas variáveis?

Vejamos algumas situações que acontecem nas empresas. Você acredita que um time em que os colaboradores se odeiam, brigam com o líder e têm um relacionamento conturbado com os pares vai atender bem os clientes? Sinceramente, acho difícil. Imagine agora que, por ser muito boa, uma parte das pessoas dessa equipe comece a fazer um esforço para melhorar o clima e aumentar as vendas. Essas atitudes vão fazer o desempenho da empresa melhorar? Pode até ajudar, mas não fará o clima ficar positivo. Os esforços a curto prazo vão amenizar os problemas de clima, mas não vão resolvê-los. A tendência é que as insatisfações sejam afloradas tão logo o desempenho caia.

Agora imagine o oposto: uma empresa em que os colaboradores se gostam, se respeitam e são respeitados pelo líder tende a apresentar resultados melhores do que se o seu ambiente de trabalho fosse de intensos conflitos. É consenso no universo empresarial a importância do bom ambiente interno da empresa. É ele que levará o negócio a alcançar desempenho satisfatório.

O empreendedor inteligente sabe dessa relação de causa e efeito e investe na criação do clima saudável, tão logo a empresa for aberta. E aqui vale ressaltar que ambientes positivos não são aqueles em que as regras são inexistentes, onde cada um faz o que quiser e o que bem entende. Não! Um bom ambiente é construído com respeito mútuo, clareza nas regras, desenvolvimento constante, busca pelos objetivos comuns e sinergia do trabalho em equipe.

De acordo com estudos da Great Place to Work, as empresas reconhecidas como ótimos lugares para trabalhar tendem a superar os principais índices do mercado de ações dos EUA em termos de taxa de retorno. Pesquisas indicam que colaboradores satisfeitos têm maior probabilidade de fornecer um excelente atendimento ao cliente. Por exemplo, Alex Edmans, da London Business School, descobriu que as empresas na lista "100 Best Companies to Work For in America", da revista Fortune, geraram de 2,3% a 3,8% mais retorno para o acionista do que os seus pares, medido durante um período de mais de 25 anos.

A criação e a manutenção do bom clima organizacional é responsabilidade do empreendedor. Somente com a união e a harmonia nas relações profissionais é que seu time de colaboradores conseguirá desempenhar plenamente o trabalho almejado. Muitas vezes, a falta de resultados positivos é originada pelo péssimo ambiente interno da empresa. Portanto, seja guardião de um clima excepcional.

PRIORIZAÇÃO DO CLIMA ORGANIZACIONAL: estou investindo na criação de um ambiente de trabalho positivo desde o início da operação da minha empresa, entendendo que isso pode ser a base para o sucesso financeiro futuro?

RELAÇÃO CAUSA E EFEITO: acredito que um clima organizacional positivo leve a um melhor desempenho financeiro, ou vejo os resultados financeiros como o precursor de um ambiente de trabalho melhor?

CULTURA E VALORES EMPRESARIAIS: estou construindo uma cultura empresarial baseada em respeito mútuo, clareza nas regras, desenvolvimento e trabalho em equipe, reconhecendo que esses elementos são essenciais para criar um ambiente positivo?

IMPACTO DO AMBIENTE NO DESEMPENHO: compreendo que um ambiente de trabalho negativo pode afetar o desempenho dos colaboradores e, consequentemente, os resultados financeiros da empresa?

ESTRATÉGIAS DE MELHORIA CONTÍNUA: estou comprometido com a Melhoria Contínua do clima organizacional e com a implementação de práticas que promovem a satisfação e a motivação dos colaboradores, sabendo que isso contribui para o sucesso geral do negócio?

PRINCÍPIO 82:
MONTE OS SETORES FUNDAMENTAIS DA SUA EMPRESA

Todo negócio que queira crescer e prosperar deve focar em Vendas, Marketing, Operações e Finanças.

Não sei qual é o ramo de atuação da sua empresa nem quais produtos e serviços ela oferece aos clientes. Mas uma coisa eu posso garantir: para crescer e prosperar, seu negócio precisa ter quatro áreas essenciais: Vendas, Marketing, Operações e Finanças. E por que essas áreas são tão importantes? Porque são elas que fazem a empresa funcionar. Se as engrenagens não funcionarem perfeitamente, o negócio simplesmente não sai do lugar.

A área de vendas é a responsável por vender produtos e serviços, bem como receber os pedidos dos clientes. É quem normalmente atende ao público consumidor e monitora o seu nível de satisfação. Uma boa equipe comercial acompanha a entrega dos produtos e serviços, e cuida da qualidade da oferta da companhia, do pós-venda e do relacionamento com os consumidores. Quanto mais atento, bem treinado e voltado para o encantamento for o time de vendedores, maior será a quantidade de clientes e o nível de fidelização.

A área de Marketing preocupa-se com as ações de posicionamento, fortalecimento da marca e comunicação do negócio. Se as campanhas promocionais e publicitárias forem bem-sucedidas, o público que tem interesse em adquirir os produtos da empresa aumentará. Ou seja, a função desse setor é promover o aumento da demanda da área de vendas. Se os vendedores estão parados ou ociosos, é porque o trabalho do marketing é falho ou limitado.

O setor de Operações é aquele que produz e entrega o que foi comprado pelos clientes. Os profissionais dessa área cuidam da produção, dos fornecedores, da qualidade da matéria-prima, da logística, do estoque, da entrega final dos produtos e serviços. Essa parte do negócio precisa estar intimamente alinhada à equipe de vendas. Quanto mais vendas forem feitas, mais produtos e serviços devem ser produzidos e entregues.

Por fim, a área de Finanças mensura e avalia o quão rentável são os negócios feitos pela companhia. São os profissionais desse setor que indicam mudanças de rota e as possibilidades de melhorar o resultado financeiro. Cada vez mais a equipe financeira tem papel estratégico no dia a dia do negócio. E é ela que dará os recursos para que todas as áreas consigam operar.

Seu negócio pode ser pequeno. Mas ele precisa ter bem definidas essas quatro áreas. Do contrário, alguma parte da engrenagem da sua empresa vai travar, e você não conseguirá fazer com que seu negócio cresça e prospere.

INTEGRAÇÃO DAS ÁREAS ESSENCIAIS: tenho estruturadas as áreas de Vendas, Marketing, Operações e Finanças de forma eficaz, garantindo que trabalhem em conjunto de maneira integrada para o sucesso do negócio?

FOCO NA EQUIPE DE VENDAS: estou investindo na capacitação e no desenvolvimento de uma equipe de vendas atenta, bem treinada e focada no encantamento dos clientes, para aumentar a fidelização e a base de clientes?

ESTRATÉGIAS DE MARKETING: minhas estratégias de marketing são eficazes e bem planejadas, visando aumentar a demanda e apoiar a equipe de vendas, com campanhas promocionais e publicitárias que realmente contribuem com o aumento das vendas?

EFICIÊNCIA OPERACIONAL: o setor de Operações está alinhado com as Vendas, assegurando que a produção, logística e entrega de produtos e serviços estejam sincronizadas com as demandas dos clientes e as metas de vendas?

GESTÃO FINANCEIRA ESTRATÉGICA: a área de finanças está desempenhando um papel estratégico no meu negócio, fornecendo análises financeiras precisas e orientações para melhorar a rentabilidade e sustentar o crescimento do negócio?

PRINCÍPIO 83:
NÃO VISE O LUCRO NO INÍCIO

Para crescer, será preciso investir mais no negócio e testar novas possibilidades de atendimento, serviços e produtos.

Quando a nova empresa começa a funcionar, o pensamento que mais martela na cabeça do empreendedor é quando o negócio dará lucro. Sua ansiedade e preocupação são totalmente justificadas. Se não houver sobra de dinheiro depois de determinado tempo, o empreendimento torna-se inviável financeiramente. Aí a consequência será o inevitável fechamento da empresa e o término do sonho.

Por isso, os sócios devem fazer de tudo para obter lucro rápido e já conseguir ganhar dinheiro no primeiro dia de operação, certo? Errado! Quando se empreende, o mais importante é aprender como fazer o negócio dar lucro. A necessidade de aprendizado é mais importante do que a obtenção do lucro imediato. Como a empresa começa normalmente pequena, a chance de ela ter lucro logo de cara é baixa. A lucratividade virá com o aumento das vendas e, como consequência, da diminuição dos custos unitários da produção de produtos e serviços. Em outras palavras, primeiro aprenda como crescer, gerar lucro e aumentar a eficiência do seu negócio. Se você quiser lucrar com baixas vendas, talvez nunca consiga atingir o lucro que deseja (nem obter o retorno sobre o capital investido).

Vamos a um exemplo prático. Você montou uma pizzaria delivery há três meses e está vendendo, mensalmente, 1 mil pizzas. Contudo, o prejuízo é de R$ 5 mil ao final do mês. Para reverter esse cenário, você imagina que deva aumentar o preço dos produtos em 50%, diminuir o investimento em marketing, procurar matérias-primas mais baratas e diminuir a equipe de entregadores. Com essas medidas, certamente você poderá aumentar as suas vendas a curto prazo, e talvez consiga ainda ganhar algum dinheiro de imediato. O problema é que, se fizer isso, você prejudicará a qualidade do seu produto, o prazo de atendimento aos seus clientes, o que levará à queda nas vendas e um prejuízo ainda maior.

Porém, se o objetivo for construir um negócio a longo prazo, é necessário que você esteja sempre reinvestindo no seu negócio (ao invés de colocar o lucro no bolso), utilizando para isso já as primeiras sobras de dinheiro que obtiver. Nesse novo panorama, o foco do empreendedor é acumular recursos suficientes para vender, por exemplo, 10 mil pizzas mensais em até um ano, o que resultará em custos unitários menores, e naturalmente, um lucro maior por conta da série de investimentos que foi feita.

É melhor você investir no seu negócio primeiro, trabalhar para que aumente as vendas e para que seu atendimento seja incomparável, para que no futuro você consiga retirar dinheiro da empresa sem prejudicar o seu crescimento. Plante primeiro e colha bem depois.

PRIORIZAÇÃO DO APRENDIZADO SOBRE O LUCRO IMEDIATO: estou disposto a priorizar o aprendizado e a compreensão de como tornar meu negócio lucrativo a longo prazo, em vez de buscar lucros imediatos que possam comprometer o crescimento sustentável?

ESTRATÉGIA DE CRESCIMENTO: tenho uma estratégia clara para aumentar as vendas e melhorar a eficiência operacional do meu negócio, reconhecendo que a lucratividade virá como consequência desses esforços?

INVESTIMENTO NO NEGÓCIO: estou comprometido em reinvestir no negócio, utilizando os lucros iniciais para promover o crescimento, em vez de retirar todo dinheiro prematuramente?

VISÃO DE LONGO PRAZO: possuo uma visão de longo prazo para o meu negócio, focando em construir uma base sólida que permita retiradas futuras, sem prejudicar o desenvolvimento da empresa?

AVALIAÇÃO DE DECISÕES DE CURTO PRAZO: **estou consciente das consequências de decisões de curto prazo, como aumentar preços indistintamente ou cortar investimentos essenciais na qualidade do produto/serviço, e como essas decisões podem afetar negativamente as vendas e a lucratividade?**

PRINCÍPIO 84: CONSTRUA SUA EMPRESA PARA DURAR MUITO TEMPO

Em meio às incontáveis e sedutoras recompensas do presente, não se esqueça de agir pensando no longo prazo.

O Teste do Marshmallow é um famoso experimento psicológico que foi conduzido por Walter Mischel, na década de 1960, na Universidade de Stanford, e envolveu crianças pré-escolares. O experimento consistiu em oferecer a cada criança uma opção: elas poderiam optar por comer um único marshmallow imediatamente, ou poderiam esperar por um curto período (cerca de 15 minutos) e, como recompensa, receberiam dois marshmallows. O objetivo era avaliar a capacidade das crianças de atrasar a gratificação imediata em troca de uma recompensa maior no futuro. Os resultados do estudo demonstraram que as crianças que conseguiram esperar pelo segundo marshmallow, tiveram melhor desempenho acadêmico e mais sucesso na vida ao longo do tempo.

E o que essa pesquisa tem a ver com o empreendedorismo? No dia a dia, noto que muitos empreendedores se comportam como as crianças da pesquisa: uma parcela consegue esperar para ganhar o dobro mais à frente e uma parcela "abre mão" do futuro próspero, em nome de um presente mais saboroso. Trata-se do famoso questionamento: vale a pena sofrer um pouco, hoje, em nome de ganhos futuros ou é melhor aproveitar a vida aqui e agora?

Não é preciso dizer que os negócios que se desenvolvem mais e crescem com mais vigor são administrados por empreendedores com visão de longo prazo. E o que seria trabalhar com visão de longo prazo? É realizar as ações do dia a dia pensando nas repercussões que elas terão daqui a alguns semestres ou até mesmo daqui a anos. Você planta hoje, rega amanhã, rega mais depois de amanhã e rega ainda mais nos outros dias. A colheita só virá nas próximas estações. Infelizmente, há um grupo de empreendedores que não consegue ter essa maturidade e esse olhar mais à frente. Eles acabam priorizando os efeitos imediatistas do trabalho.

Um dado curioso: a Apple ficou conhecida por não distribuir dividendos aos acionistas durante um longo período de sua história (entre 1995 e 2012). Essa decisão fazia parte da estratégia de reinvestir os lucros na empresa para financiar pesquisa, desenvolvimento e expansão. Atualmente ela é uma das empresas mais valiosas do mundo. Seria coincidência ou parte de uma estratégia de longo prazo?

Seja sincero comigo: você é o tipo de empreendedor que espera cinco minutos para ganhar o segundo marshmallow ou você é o tipo de empreendedor que abocanha imediatamente tudo que recebe? O que posso dizer para quem não consegue trabalhar visando ações de médio e longo prazo é: "Cuidado!" A falta de comprometimento com o futuro vai afetar seu negócio lá na frente.

Para mim, o bom empreendedor é aquele que coloca o negócio em operação com a mentalidade de que ele durará por décadas.

CAPACIDADE DE ATRASAR A GRATIFICAÇÃO: estou disposto a adiar recompensas imediatas em favor de benefícios mais significativos no futuro, aplicando esse princípio ao gerenciar meu negócio?

VISÃO DE LONGO PRAZO: estou operando meu negócio com uma visão de longo prazo, planejando e executando ações, hoje, que terão um impacto positivo sustentável nos próximos anos?

REINVESTIMENTO NO NEGÓCIO: estou priorizando o reinvestimento dos lucros em pesquisa, desenvolvimento e expansão, semelhante à estratégia utilizada pela Apple, ao invés de buscar recompensas imediatas?

MATURIDADE EMPRESARIAL: reconheço a importância de ter maturidade e paciência para ver além dos resultados imediatos, entendendo que o sucesso duradouro requer tempo e dedicação contínua?

COMPROMISSO COM O FUTURO: como empreendedor, estou comprometido em construir um legado com meu negócio, garantindo que ele esteja preparado para prosperar nas próximas décadas, em vez de focar apenas nos ganhos a curto prazo?

PRINCÍPIO 85:
SAIBA PRECIFICAR CORRETAMENTE SEU PRODUTO E SERVIÇO

Para o seu negócio consiga atingir o lucro necessário para sobreviver, é necessário a correta definição dos seus preços.

Saber definir corretamente o preço dos produtos e serviços é fundamental para que o negócio se sustente financeiramente. Todo empreendedor deseja crescer e atingir um alto volume em vendas, mas se fizer isso sem precificar de forma correta seus produtos, é bem provável ele vai quebrar muito rapidamente. A precificação não pode ser feita de forma aleatória. Também não basta consultar os concorrentes e aplicar um preço semelhante sem que você conheça seus custos. Para precificar, é fundamental que conhecer o custo unitário de cada produto, as despesas gerais do negócio, a quantidade de lucro que se deseja alcançar, a precificação do concorrente e a percepção de valor do produto ou serviço no mercado.

Vamos a um exemplo prático: antes de definir o preço do seu produto, saiba quais são os custos diretos de produção. Como o próprio nome diz, eles estão diretamente envolvidos na produção, como matéria prima e mão de obra. Levante os custos indiretos, tais como aluguel, remuneração da equipe administrativa, energia elétrica, entre outros. E acrescente a margem de lucro que você quer ter no seu produto.

Imaginemos que o custo direto por produto é de 15 reais e o custo indireto unitário é de 10 reais. O custo total por unidade é de 25 reais. Somando ao custo total um lucro de 20% por unidade, o preço do seu produto será de 30 reais. Essa composição é basicamente para evidenciar que, se você aplicar um preço menor do que 30 reais, você não conseguirá gerar o lucro esperado para o negócio.

Esses valores são apenas algumas das referências do que se deve considerar na precificação. No entanto, o empreendedor precisa analisar também outras variáveis. Seu produto possui uma qualidade superior à dos concorrentes? Foi incorporada uma série de serviços adicionais que facilitam a vida dos compradores? Caso possua, é esperado que se cobre mais do que simplesmente os 30 reais. A base financeira para definição de preço é o ponto de partida, mas o empreendedor deve procurar sempre alternativas de aumentar a percepção de valor do seu cliente e, naturalmente, cobrar mais.

Veja o caso das sandálias de dedo, atualmente um artigo de moda (que no passado era produto básico de vestuário). Seu custo de produção é bem inferior ao seu preço, e elas são vendidas a valores que podem ultrapassar os dois dígitos, no Brasil, e três dígitos ao redor do mundo. Por quê? Porque seu preço tem embutidos, o valor por conta da sua reputação, design e durabilidade. São três elementos que convencem o consumidor a pagar mais.

COMPREENSÃO DOS CUSTOS: estou adequadamente informado sobre todos os custos diretos e indiretos associados à produção e oferta dos meus produtos ou serviços, garantindo que a precificação cubra esses custos e gere o lucro desejado?

ANÁLISE DA MARGEM DE LUCRO: defini uma margem de lucro clara para os meus produtos ou serviços, que sustente as operações do negócio e permita reinvestimento para crescimento?

CONCORRÊNCIA E PERCEPÇÃO DE VALOR: estou considerando o preço e a qualidade dos produtos ou serviços dos concorrentes, assim como a percepção de valor que os meus produtos ou serviços têm no mercado, para definir uma precificação competitiva?

ESTRATÉGIAS DE VALOR AGREGADO: estou explorando maneiras de aumentar a percepção de valor dos meus produtos ou serviços (como qualidade superior, serviços adicionais ou *branding* forte), para justificar um preço mais alto que o custo base sugeriria?

FLEXIBILIDADE E ADAPTAÇÃO DE PREÇOS: possuo estratégias para ajustar a precificação com base em mudanças no setor, custos de produção ou estratégias de expansão de mercado, mantendo a lucratividade e competitividade?

PRINCÍPIO 86: AUMENTE A PERCEPÇÃO DE VALOR PELO SEU CLIENTE

Defina seu produto ou serviço a partir do que é valorizado pelo seu público-alvo.

Muitos empreendedores consideram apenas três fatores para definir o preço dos seus produtos e serviços: custos de produção ou realização do serviço, o lucro que deseja ter e os preços que a concorrência pratica. No entanto, existe algo extremamente ignorado em muitos negócios, ou no mínimo pouco explorado: a percepção do valor do produto. Quanto mais valor o seu cliente percebe no seu produto, maior será a disposição de pagar mais por ele. Um dos exemplos que gosto de destacar é o da Starbucks.

Ela é conhecida por sua capacidade de cobrar preços mais altos se comparados às demais cafeterias, devido a uma série de estratégias e fatores, que contribuem para a percepção de valor superior por parte de seus clientes. Se uma marca deseja cobrar preços superiores aos dos concorrentes, é necessário que consiga não só desenvolver, mas também comunicar benefícios que justifiquem o valor cobrado. Para fazer isso, a Starbucks costuma investir na experiência do cliente enquanto está na cafeteria, oferecendo um atendimento rápido, acolhedor e customizado. Ela investe na variedade de produtos, em padrões rigorosos de qualidade e em treinamentos da equipe. Fora o relacionamento direto e próximo com fornecedores, para garantir a qualidade do café servido.

Não importa qual seja o seu negócio. Ele precisa gerar valor para os clientes. Só assim sua empresa poderá fidelizar seus clientes e aumentar suas margens por meio da elevação do preço. E o que é gerar valor? É entregar ao consumidor algo que ele perceba como valioso. Como a Starbucks, o empreendedor precisa cuidar da oferta de valor do negócio. A valorização dos produtos e serviços envolve desde o tipo de atendimento e a qualidade do que é oferecido, até a sofisticação do ambiente e a eficiência dos processos. Aposte naquilo que contribui para a experiência de compra e consumo dos clientes, e deixe de lado tudo aquilo que não for valorizado por eles.

Duas cafeterias podem ter ofertas de valor bem distintas. Uma pode ser voltada para casais em busca de aconchego, e outra pode focar em executivos na hora do almoço, que por sua vez são totalmente diferentes do que se espera encontrar em um estabelecimento onde se quer tomar um café rápido e barato. O que é importante para um cliente, pode não ser para outro, fator que influencia a expectativa e a satisfação do público.

Entender as necessidades e os desejos do público-alvo é o primeiro passo para a criação de boas ofertas de valor. As definições dos produtos e serviços oferecidos, o tipo de atendimento praticado, a ambientação proporcionada e o preço praticado devem ser feitas a partir do ponto de vista dos clientes. É o consumidor final que decreta se sua oferta é interessante ou não.

COMPREENSÃO DA PERCEPÇÃO DE VALOR: eu entendo e considero a percepção de valor que meus clientes têm dos meus produtos ou serviços na hora de definir os preços, além dos custos de produção, do lucro desejado e dos preços praticados pela concorrência?

DESENVOLVIMENTO E COMUNICAÇÃO DE BENEFÍCIOS: estou investindo na criação e na comunicação de benefícios únicos e diferenciados que justifiquem um preço superior, assim como a Starbucks faz ao oferecer uma experiência de cliente excepcional?

OFERTA DE VALOR ALINHADA COM O CLIENTE: minha oferta de valor está alinhada com as necessidades e desejos do meu público-alvo, considerando fatores como atendimento, qualidade do produto e eficiência dos processos?

EXPERIÊNCIA DE COMPRA E CONSUMO: estou apostando em elementos que contribuem para a experiência de compra e consumo dos meus clientes, descartando aspectos que eles não valorizam?

ENTENDIMENTO DAS EXPECTATIVAS DO PÚBLICO: eu realmente entendo o que é importante para os meus clientes e estou ajustando minha oferta de produtos e serviços, de acordo com as expectativas e satisfação do meu público-alvo?

PRINCÍPIO 87: NÃO ESQUEÇA DE SE COMUNICAR

O crescimento da empresa vem pela boa divulgação, que transforma a verba de marketing em um ótimo investimento.

Convivendo diariamente com os empreendedores, noto que muitos têm sérias dificuldades para enxergar as ações de marketing como um investimento nos seus negócios. Normalmente, eles veem o valor aplicado em comunicação, como um mero gasto (e o que é pior, gasto desnecessário). Pensam que, se der para economizar aí, melhor ainda. Infelizmente, essa crença é um erro imperdoável no mundo dos negócios. Se há uma verba que tem retorno certo (quando bem aplicada), é a da comunicação.

Marketing é investimento! Se você não investir na divulgação dos seus produtos e respectivos benefícios, sua empresa não conseguirá crescer. Sem crescimento, dificilmente provará ser viável financeiramente. As ações de comunicação trazem mais clientes para o seu negócio, principalmente se comunicar os diferenciais do seu produto ou serviço. E, por meio do trabalho da equipe de vendas, esse novo público poderá tornar-se cliente. Não entendo o receio de tantos empreendedores em dedicar uma parte dos valores investidos na empresa, à comunicação.

Conheci uma empresária que montou um centro estético de altíssimo nível. A decoração era impecável e usou o que havia de melhor no design de interiores. Porém, ela relutava em fazer uma fachada profissional para o negócio. Na sua cabeça, investir no conforto e no bem-estar das clientes era mais importante. Já fazer uma comunicação adequada e chamativa na entrada do imóvel, para comunicar ao público que passava pela rua (uma das mais movimentadas da cidade), parecia que era algo absurdo e sem cabimento. No que adianta fazer investimentos altíssimos no conforto e qualidade do seu atendimento, se você não conseguir trazer clientes para dentro do seu negócio?

Há restaurantes que, até hoje, acham desnecessário ter site ou investir nas redes sociais. Há empreendedores que não querem ouvir falar em marketing digital. E há quem ache absurdo investir em tráfego pago ou em ações para melhorar o relacionamento com o público-alvo. Se você não gosta ou não entende de marketing, não tem problema. Contrate alguém com tal conhecimento e habilidade para promover seu negócio. O que não pode é desprezar uma área tão importante, e responsável por promover o fluxo de clientes para sua organização. Não é porque você não sabe ou não entende de algo que esse algo não seja necessário.

Vale lembrar que marketing precisa ser visto como investimento. Isso significa que você também precisa medir para saber se está alcançando o retorno dentro do planejado. Vale como regra geral para cada investimento que você fizer. O retorno pode vir, por exemplo, pelo aumento do volume de vendas, pelo aumento da frequência dos clientes ou pelo aumento do ticket médio. Eles são reflexo de quando você torna mais claros, os benefícios dos produtos ao seu público.

PERCEPÇÃO DO VALOR DO MARKETING: eu vejo as ações de marketing e comunicação como investimentos fundamentais para o crescimento do meu negócio, ou tendo a considerá-las como gastos desnecessários?

COMPROMISSO COM A COMUNICAÇÃO: estou comprometido em alocar recursos adequados para a divulgação dos produtos e serviços da minha empresa, reconhecendo a importância de comunicar seus diferenciais ao mercado?

ESTRATÉGIAS DE MARKETING: eu exploro estratégias de marketing diversificadas, incluindo marketing digital, tráfego pago e ações para melhorar o relacionamento com o público-alvo, para atrair mais clientes para o meu negócio?

MEDIÇÃO DE RETORNO SOBRE INVESTIMENTO (ROI): eu regularmente avalio o retorno sobre o investimento das minhas ações de marketing, analisando indicadores como aumento do volume de vendas, frequência dos clientes e ticket médio?

VALORIZAÇÃO DA EXPERTISE EM MARKETING: se não possuo conhecimento ou interesse em marketing, estou disposto a contratar profissionais qualificados para gerenciar essa área crucial, reconhecendo sua importância para o sucesso do meu negócio?

PRINCÍPIO 88:
PRIORIZE O BOM ATENDIMENTO DESDE O PRIMEIRO DIA

A satisfação dos clientes iniciais é o que gera a primeira onda de boca a boca positiva do negócio recém-aberto.

Acho curioso quando as empresas recém-inauguradas não se esforçam no atendimento aos primeiros clientes. Na minha visão, a equipe de colaboradores e o time de sócios deveriam tratar os novos visitantes ao pequeno negócio, como se aquela fosse a única chance que terão para conquistá-los. Aproveitando-se do volume baixo de consumidores no início da operação, a organização precisa fidelizar cada um dos clientes que aparecem. Porém, não é isso o que acontece em muitos casos.

Há empreendedores que ficam tão preocupados com a divulgação da nova marca, e focam na busca de mais visitantes, que se esquecem de olhar para o atendimento daqueles que chegam pela primeira vez à empresa. Outros estão tão empolgados em oferecer produtos e serviços de qualidade, que não se lembram da importância do atendimento pessoal, próximo e cortês. E tem também os que mergulham na rotina administrativa dos seus negócios, e não têm tempo para acompanhar como o público está sendo recebido.

Não importa o que esteja acontecendo na empresa. Assim que ela abriu as portas, é responsabilidade dos proprietários acompanhar como caminha o atendimento aos clientes. Mas conforme ela for crescendo, é importante que tenha pessoas altamente preparados para fazer um trabalho melhor do que eles. Isso possibilitará que os sócios não se envolvam diretamente com essa área, quando a empresa estiver grande demais. Porém, eles ainda precisarão se certificar que seu time esteja fazendo um ótimo trabalho e prestando um atendimento melhor do que eles fariam.

Seu papel como empreendedor é o de instruir os colaboradores, e mostrar como deve ser o atendimento na prática. Tudo tem que ser feito pensando em como oferecer o melhor serviço para seu público-alvo, caso contrário, eles vão da próxima vez aos seus concorrentes.

Não descuide do atendimento aos primeiros clientes. São eles que vão gerar a primeira onda de boca a boca do seu negócio. Se eles forem impactados positivamente pela sua equipe, certamente vão espalhar boas notícias sobre sua marca no mercado. Se forem mal atendidos, vão detalhar suas frustrações para um bom número de familiares, amigos, vizinhos e conhecidos.

E tem um outro importante, ainda a se considerar. Se uma empresa não consegue, logo de início, promover um ótimo atendimento, e, pior ainda, não percebe que fez isso, qual é a tendência com o passar do tempo, hein? Se não se atinge um alto padrão de excelência no atendimento quando o número de clientes é baixo, e a equipe ainda não está sob alta pressão, o que esperar quando os clientes aumentarem muito e os colaboradores ficarem cansados?

PRIORIZAÇÃO DO ATENDIMENTO AOS PRIMEIROS CLIENTES: eu trato os primeiros visitantes do meu negócio como se fosse a única chance de conquistá-los, esforçando-me para garantir um atendimento excepcional desde o início?

FIDELIZAÇÃO DE CLIENTES NO INÍCIO DA OPERAÇÃO: estou aproveitando o volume baixo de consumidores no início da operação para fidelizar cada cliente que aparece, entendendo a importância de cada interação inicial?

EQUILÍBRIO ENTRE DIVULGAÇÃO E ATENDIMENTO DE QUALIDADE: enquanto me concentro na divulgação da nova marca, e na oferta de produtos e serviços de qualidade, estou me assegurando de não negligenciar o atendimento pessoal, próximo e cortês aos clientes que chegam pela primeira vez?

SUPERVISÃO E TREINAMENTO DE COLABORADORES: estou dedicando tempo suficiente para acompanhar e avaliar como o público está sendo recebido, além de instruir os colaboradores sobre as práticas ideais de atendimento, mesmo à medida que o negócio cresce?

MANUTENÇÃO DO PADRÃO DE EXCELÊNCIA EM ATENDIMENTO: reconheço a importância de manter um alto padrão de excelência em atendimento desde o início, compreendendo que a capacidade de oferecer um ótimo serviço é crucial para o sucesso contínuo e a expansão do negócio?

PRINCÍPIO 89:
TENHA REGRAS CLARAS PARA A DISTRIBUIÇÃO DE LUCROS DE SUA EMPRESA

Antes mesmo de o negócio ser aberto, alinhe com seus sócios a política de dividendos que será praticada.

É essencial adquirir o hábito de separar as finanças da empresa das finanças pessoais dos sócios desde o início. Estabelecer regras claras antes mesmo da abertura do negócio é crucial para evitar confusões futuras. Misturar as contas pessoais com as da empresa pode obscurecer a verdadeira performance do negócio e complicar o entendimento das finanças pessoais.

Desde o começo, implemente uma gestão financeira profissional no seu empreendimento. Parte dessa gestão inclui definir como será a distribuição dos lucros entre os sócios. Embora inicialmente o pró-labore possa ser o equivalente a um ou mais salários mínimos, conforme a empresa cresce e se torna lucrativa, os sócios podem começar a receber uma parte dos lucros como complemento à sua remuneração.

É fundamental que a política de distribuição de lucros seja bem definida e justa. Por exemplo, em minhas empresas, costumo distribuir 25% do lucro líquido semestralmente aos sócios. Este método ajuda a manter um equilíbrio saudável entre recompensar os sócios e reinvestir no negócio.

No entanto, tenha cautela para que o desejo de aumentar os ganhos pessoais não prejudique a saúde financeira da empresa. Negócios em fase inicial ou em expansão requerem reinvestimento constante para sustentar o crescimento. Se uma porção significativa dos lucros for distribuída como dividendos, pode não restar capital suficiente para investimentos futuros.

Lembre-se, uma estratégia equilibrada de distribuição de lucros não apenas maximiza o retorno para os sócios, mas também assegura que a empresa tenha recursos suficientes para crescer e prosperar no longo prazo.

SEPARAÇÃO DE CONTAS: eu tenho contas bancárias separadas para minhas finanças pessoais e para as finanças da empresa, evitando misturar transações entre as duas?

DEFINIÇÃO DE REMUNERAÇÃO: estabeleci claramente como será minha remuneração e a dos demais sócios, utilizando uma política de pró-labore e distribuição de lucros que não prejudique a capacidade financeira da empresa?

GESTÃO DE LUCROS: eu sigo uma política prudente na distribuição de lucros, garantindo que uma parte significativa seja reinvestida no negócio, para promover seu crescimento e sustentabilidade a longo prazo?

DISCIPLINA FINANCEIRA PESSOAL: estou praticando uma gestão financeira pessoal disciplinada, poupando e investindo uma parte dos meus ganhos, em vez de gastar de forma descontrolada?

INVESTIMENTO EM CAPACITAÇÃO: eu continuo investindo em minha capacitação profissional e pessoal, reconhecendo que o desenvolvimento contínuo é chave para o sucesso, tanto do negócio quanto da minha carreira empreendedora?

PRINCÍPIO 90: CONTROLE O FLUXO DE CAIXA

O dinheiro disponível no caixa é tão importante para um negócio quanto o seu lucro.

O caixa e o lucro são importantes para o seu negócio, assim como a água e o alimento são importantes para o corpo humano. Nosso organismo só consegue ficar de dois a três dias sem hidratação, mas suporta algumas semanas sem alimentos. Quando empreendemos, nossa organização não sobrevive sem dinheiro disponível no caixa (na conta do banco, por exemplo), porém pode passar semanas ou meses sem lucro.

A partir dessa informação, cuide do fluxo de caixa. Um dos focos do trabalho do empreendedor é não deixar sua empresa sofrer de desidratação (falta de dinheiro). Essa prática é importante para toda a vida do negócio. Porém, quando se está começando, ela é ainda mais relevante. Atente-se para os prazos de recebimentos e pagamentos. É ela que indica como está sua reserva de caixa. Curiosamente, há empresas que conseguem sobreviver sem lucro por um tempo, mas nunca conseguem ficar de pé, sem uma boa gestão do dinheiro que entra e que sai.

Como isso é possível? Imagine que você tenha uma pequena fábrica de alimentos infantis. Como está no começo, seu negócio não é lucrativo, ou seja, você ainda não tem vendas suficientes para bancar seus custos fixos (aluguel, colaboradores etc.). Sabendo disso, você reservou dinheiro em caixa para sobreviver por seis meses. Contudo, você foi além: negociou com os fornecedores que os pagamentos serão realizados em 90 dias. E para os clientes, os mercados da cidade, acertou que o recebimento será à vista, ou no máximo, em 30 dias. Como resultado, sua necessidade de capital de giro será negativa, ou seja, você vai utilizar o dinheiro dos clientes para quitar os pagamentos aos fornecedores, não precisando injetar dinheiro para fazer a operação funcionar. E a reserva de seis meses de dinheiro em caixa durará mais tempo, caso não ocorra nenhuma grande alteração nos prazos.

Seu concorrente, que abriu uma fábrica de alimentos infantis na mesma data, também reservou dinheiro em caixa para seis meses. Para conseguir um pequeno desconto nas matérias-primas, ele paga os fornecedores à vista. E para acelerar as vendas, ele oferece, aos clientes, um prazo de pagamento de 90 a 120 dias. Como consequência, a necessidade de capital de giro dele será positiva, logo no início (paga primeiro fornecedor, depois recebe dos clientes). E a reserva de caixa que deveria durar um semestre, pode acabar em poucas semanas. Mesmo sendo mais lucrativo, afinal ele compra dos fornecedores com desconto por pagar à vista, o concorrente corre o risco de fechar as portas por ter que aguardar 90 dias, ou mais, para começar a receber dos clientes dele.

Por conta disso, não descuide do fluxo de caixa!

GESTÃO DO FLUXO DE CAIXA: estou monitorando, de perto, o fluxo de caixa do meu negócio, assegurando que haja sempre dinheiro disponível para cobrir as despesas operacionais, mesmo antes de o negócio se tornar lucrativo?

EQUILÍBRIO ENTRE CAIXA E LUCRO: compreendo a diferença entre ter caixa e ser lucrativo, e estou implementando estratégias para manter a saúde financeira a curto prazo, enquanto busco a lucratividade a longo prazo?

NEGOCIAÇÃO COM FORNECEDORES E CLIENTES: estou negociando termos de pagamento favoráveis com fornecedores e clientes, para otimizar o capital de giro e evitar a "desidratação financeira" do meu negócio?

PLANEJAMENTO DE RESERVAS DE CAIXA: fiz planos, e reservei fundos suficientes para suportar o negócio durante os períodos iniciais de crescimento, quando as vendas podem ainda não cobrir todos os custos operacionais?

ANÁLISE DE RISCOS E PLANEJAMENTO FINANCEIRO: estou continuamente avaliando os riscos financeiros e ajustando o planejamento financeiro, para garantir a sobrevivência e o crescimento sustentável do meu negócio, evitando armadilhas que possam levar a problemas de liquidez?

PRINCÍPIO 91: MEÇA ROTINEIRAMENTE OS RESULTADOS

Para ter sua empresa na mão o empreendedor precisa medir constantemente os resultados do seu negócio.

Para pilotar os aviões, o piloto recorre, o tempo inteiro, aos indicadores mostrados nos *cockpits* de suas aeronaves. Ali estão as coordenadas geográficas, a velocidade, a altitude, a quantidade de combustível, a distância a ser percorrida, o mapa topográfico da região, e mais uma infinidade de informações. Entre as centenas de dados disponíveis no painel, o piloto só utiliza alguns indicadores durante a decolagem. Outras informações são importantes para o voo de cruzeiro, para os momentos de instabilidade e para o pouso. Há algumas medições que são para eventos ocasionais. Se o piloto tivesse que olhar para todos os instrumentos, ao mesmo tempo, ele não conseguiria focar em seu principal objetivo. Por isso, ele prioriza, dependendo da situação, alguns dados.

Para administrar uma empresa, do que o empreendedor precisa? Gosto da analogia com o *cockpit* do avião. Acredito que o empreendedor que almeja o sucesso, deve guiar seu negócio a partir das informações mostradas em uma espécie de painel de indicadores, tabela de desempenho ou *dashboard*. E que tipo de dados deve ter nesse controle empresarial? Aqueles que lhe indicarem que a missão do negócio está sendo atingida. Recomendo que define três grandes indicadores que conseguirá lhe dizer se seu negócio está desempenhando bem ou não. Exemplo: Lucro Operacional, Clima Organizacional e NPS (*Net Promoter Score*). São indicadores que não só vão ajudá-lo a medir o resultado financeiro, mas também se ele está atendendo às necessidades dos clientes e colaboradores.

Definidos os três grandes indicadores, estabeleça o que você vai medir no dia a dia para garantir seu alcance. O crescimento das vendas é relevante? Tenha indicadores diários de vendas. A satisfação dos clientes é fator crítico de sucesso do negócio? Então avalie a opinião dos consumidores e peça *feedbacks* diários. É importante saber a qualidade dos produtos e serviços oferecidos? Meça-a. Sua empresa precisa reduzir os custos? Saiba, então, para onde corre suas despesas e o quanto está sendo reduzida a cada semana. É necessário melhorar o investimento das ações de marketing? Compare qual o retorno de cada uma delas. Está pensando em melhorar a área de vendas? Verifique o desempenho individual da equipe.

Administrar uma empresa de maneira profissional, é gerenciar números, informações e dados. Se você não tiver medições frequentes dos resultados de cada aspecto do seu negócio, certamente você não saberá dizer o que está indo bem e o que está indo mal.

Trabalhe como os pilotos de avião: analisando regularmente os indicadores do *cockpit*. Dessa maneira, você saberá se sua empresa está indo para o destino certo ou se você precisa corrigir a rota.

FOCO NOS INDICADORES-CHAVE: eu consigo identificar e focar os principais indicadores de desempenho (KPIs), que refletem o sucesso do meu negócio, sem me perder na vastidão de dados disponíveis?

ADAPTAÇÃO E PRIORIZAÇÃO: eu tenho a habilidade de priorizar e adaptar quais indicadores acompanhar em diferentes fases do meu negócio, como na decolagem (início), voo de cruzeiro (operação contínua), instabilidades (crises) e pouso (conclusão ou venda do negócio)?

DEFINIÇÃO DE GRANDES INDICADORES: eu já defini os três grandes indicadores (como lucro operacional, clima organizacional e NPS), que mostram se o meu negócio está atingindo a missão e os objetivos de forma balanceada entre resultados financeiros, satisfação de clientes e bem-estar dos colaboradores?

MEDIÇÃO DIÁRIA PARA ALCANCE DE OBJETIVOS: eu estabeleço e acompanho indicadores diários ou regulares específicos (como vendas diárias, *feedback* de clientes, qualidade de produtos/serviços), que contribuem diretamente para o alcance dos grandes indicadores?

ANÁLISE E AÇÃO BASEADA EM DADOS: assim como um piloto ajusta a rota após analisar os indicadores do cockpit, reviso e ajo com base nos dados do meu negócio para atingir objetivos e corrigir desvios?

PRINCÍPIO 92: ATENTE-SE PARA OS CUSTOS INVISÍVEIS

Há algumas despesas que não são tão evidentes aos olhos do empreendedor e podem representar elevados gastos para o negócio.

Assim que a empresa começa a funcionar, o empreendedor não pode se descuidar dos custos invisíveis. E o que seriam os custos invisíveis? São os gastos que não são óbvios, no dia a dia dos negócios, e não aparecem com evidência nas demonstrações financeiras, mas que prejudicam sensivelmente a lucratividade. Por serem menos perceptíveis, não chamam tanta atenção dos proprietários. Dependendo das particularidades da administração e do tipo de negócio, os custos invisíveis são capazes de provocar perdas financeiras enormes, e até inviabilizar a organização.

Um bom exemplo de custo invisível, é o desconto. Se você faz uma promoção que dá 10% de abatimento no preço final dos produtos, você está pagando parte do valor pelo cliente, o que significa que esse valor se transforma automaticamente em custo (apesar de poucos empreendedores o enxergarem assim). Outra fonte de perda oculta das empresas, é a despesa gerada pela alta rotatividade dos colaboradores, o *turnover*. A troca de um profissional pode representar um gasto de mais de 200% do salário anual dele. Afinal, além dos encargos trabalhistas, há o esforço, o tempo e o dinheiro necessários para contratar o substituto, treiná-lo e integrá-lo ao time. Perder clientes também gera custos invisíveis. Se 20% dos consumidores abandonarem a empresa anualmente, será necessário elevar os investimentos em marketing para reduzir o impacto da perda de clientes. Em cinco anos, você terá uma base de clientes completamente nova, construída sobre elevados gastos de captação.

Um exemplo recente de empresa que enfrentou dificuldades financeiras, em parte devido a custos invisíveis, é a Avianca Brasil, uma companhia aérea brasileira que entrou em recuperação judicial em 2018 e, posteriormente, em processo de falência. O custo invisível mais evidente dela estava relacionado ao modelo de negócios insustentável e à estrutura de custos. A empresa dependia muito de arrendamentos de aeronaves e motores para operar a frota. E seus descumprimentos no pagamento de tais arrendamentos levou a penalidades altíssimas. As consequências dessas penalidades não eram facilmente identificadas, mas tiveram um impacto significativo na rentabilidade da empresa. Isso resultou em altos custos operacionais de aeronaves, levando a uma estrutura de custos insustentável.

Administrar os custos invisíveis e trabalhar para que não fujam do controle é papel fundamental do empreendedor no início do negócio. Se ele não conhecer as despesas ocultas da empresa, talvez nunca consiga chegar ao lucro.

CONSCIÊNCIA DOS CUSTOS INVISÍVEIS: eu estou atento(a) aos custos invisíveis dentro do meu negócio, aqueles gastos que não são óbvios no dia a dia e que podem prejudicar sensivelmente a lucratividade, sem aparecer claramente nas demonstrações financeiras?

PERCEPÇÃO DE DESCONTOS COMO CUSTOS: eu reconheço que os descontos oferecidos indistintamente em promoções, podem ser custos para o meu negócio, impactando diretamente a lucratividade? Estou calculando esses impactos adequadamente?

GESTÃO DE TURNOVER: estou ciente do custo invisível representado pela alta rotatividade de colaboradores (*turnover*), incluindo os custos de desligamento, contratação, treinamento e integração de novos colaboradores, e estou tomando medidas para minimizá-lo?

CUSTOS DE PERDA DE CLIENTES: eu entendo que perder clientes gera custos invisíveis significativos, como a necessidade de aumentar os investimentos em marketing para substituir a base de clientes perdida, e estou implementando estratégias para aumentar a retenção de clientes?

IDENTIFICAÇÃO E CONTROLE DE CUSTOS INVISÍVEIS: estou ativamente identificando e trabalhando para controlar os custos invisíveis no meu negócio, para evitar que eles fujam do controle e afetem negativamente a lucratividade e sustentabilidade da minha empresa?

PRINCÍPIO 93: CRIE UMA ROTINA PRODUTIVA

Ter uma agenda eficiente é o caminho mais rápido para o empreendedor realizar seus sonhos.

Confesso que estou sempre buscando descobrir ferramentas para aumentar a produtividade da minha agenda. Como empreendedor, sei que o desempenho de minhas empresas está ligado intimamente à qualidade do meu trabalho. Com essa crença, procuro desenhar minha rotina para potencializar o tempo, os esforços e os recursos que tenho disponíveis.

Ter uma agenda de trabalho eficiente fortalece você, sua equipe e sua empresa. O segredo está em desenhar uma rotina de atividades que respeite suas particularidades e, principalmente, as características do seu negócio. O dono de uma loja em shopping sabe que terá que focar o atendimento e os problemas operacionais durante os finais de semana e à noite. Por outro lado, as manhãs e as tardes dos dias de semana são mais tranquilas, período ideal para realizar tarefas administrativas. Inverter essa lógica pode causar sérios problemas de produtividade para ele e para a empresa dele

O dono de uma lanchonete na frente de um cursinho preparatório para o vestibular tem uma dinâmica oposta. Os finais de semana e o período noturno são fracos. Em compensação, as manhãs, o horário do almoço e os finais de tarde são movimentadíssimos. Se esse empreendedor seguir a mesma agenda de trabalho do dono da loja do shopping, sua lanchonete dele dificilmente vai obter um ótimo desempenho financeiro. Cada negócio tem sua própria dinâmica de funcionamento e o empreendedor precisa se adaptar a ela.

Ter uma rotina inteligente e voltada para a produtividade é um dos segredos dos empreendedores bem-sucedidos. Contudo, o que eu mais vejo no dia a dia são pequenos empreendedores sem uma agenda de trabalho pré-definida. São diversos os motivos para isso. Talvez se achem imunes às obrigações profissionais, ou acreditam que fazer isso os torna escravos do negócio. Infelizmente, ainda ouço frases como: "Agora tenho liberdade na minha agenda"; e "Como sou o meu próprio patrão, faço o que eu quero". Quem pensa assim, já começa do jeito errado!

Se você sabe quais são seus objetivos, e sabe o que fazer para alcançá-los, então é preciso ter uma agenda com rotinas bem definidas. O ideal é dividir as atividades profissionais em eventos diários, semanais, mensais e anuais. No caso de trabalhos muito complexos ou extremamente desafiadores, recomendo desmembrá-los e atribuir a eles, objetivos mensuráveis a curto prazo. Aí fica mais fácil cumpri-los. Desdobre o seu sonho em tarefas rotineiras. Tudo é questão de organização. Com uma agenda de trabalho bem definida, o empreendedor se torna verdadeiramente produtivo. Quando isso acontece, as chances de atingir seus resultados crescem vertiginosamente.

ADAPTAÇÃO DA ROTINA À DINÂMICA DO NEGÓCIO: eu adapto minha rotina de trabalho às particularidades e características dinâmicas do meu negócio, garantindo que as atividades realizadas estejam alinhadas com os momentos de maior demanda e importância operacional?

ESTRUTURAÇÃO DA AGENDA DE TRABALHO: tenho uma agenda de trabalho bem estruturada e pré-definida, que fortalece, não só a minha produtividade, mas também a da minha equipe e da minha empresa, respeitando nossas necessidades específicas?

VISÃO SOBRE LIBERDADE E RESPONSABILIDADE: eu compreendo que ser o meu próprio patrão não significa ter total liberdade para fazer o que eu quiser, mas sim que possuo responsabilidade de organizar meu tempo para alcançar os objetivos do negócio?

DEFINIÇÃO DE ROTINAS PRODUTIVAS: estou comprometido(a) em definir e seguir uma rotina inteligente e voltada para a produtividade, dividindo as atividades profissionais em eventos diários, semanais, mensais e anuais para uma melhor gestão do tempo?

DESDOBRAMENTO DE OBJETIVOS EM TAREFAS ROTINEIRAS: eu pratico o desdobramento dos meus sonhos e objetivos maiores em tarefas rotineiras e mensuráveis a curto prazo, facilitando o cumprimento desses objetivos e aumentando as chances de sucesso do meu negócio?

PRINCÍPIO 94: REDUZA OS GASTOS DE MANEIRA INTELIGENTE

O segredo da lucratividade está em cortar despesas que não prejudicam a satisfação dos clientes.

A redução de gastos tem que ser algo respirado por todos, não somente pelo empreendedor. O papel do empreendedor é fazer com que todos busquem economizar no que puderem, principalmente nas pequenas coisas que podem trazer economias consideráveis para o negócio.

Um exemplo disso foi a United Airlines, que certa vez anunciou que economizaria cerca de 171.000 galões de combustível por ano ao diminuir 28 gramas de cada exemplar das revistas de seus voos domésticos. Isso representou uma economia de aproximadamente US$ 290.000 por ano em custos de combustível na época. Imagine quantas decisões podem ser tomadas hoje no seu negócio para gerar economias consideráveis.

Para meu desespero, alguns empreendedores entendem essa história por uma perspectiva equivocada. Eles acham que podem retirar qualquer aspecto do negócio em nome da economia. Não foi isso o que a companhia aérea norte-americana ensinou. É fundamental que você analise bem o comportamento de consumo do seu cliente para entender que mudanças você pode fazer na oferta dos produtos e serviços, que irão lhe trazer redução de gastos, sem impactar a percepção de valor do negócio.

Um exemplo disso é a Budget, empresa de aluguel de carros. Enquanto grande parte dos concorrentes faz o atendimento por um time de colaboradores, a Budget optou por oferecer serviços em que o cliente pode fazer quase tudo sozinho. Ela consegue ter preços competitivos devido a uma abordagem de "autoatendimento". Os clientes, frequentemente, alugam e devolvem os carros por conta própria, o que permite à empresa manter os custos baixos, sem prejudicar a experiência do cliente. O empreendedor deve se perguntar, constantemente, o que pode reduzir no negócio que faria atender as expectativas do seu cliente, sem prejudicar a experiência de compra e consumo.

Combater as despesas é uma atividade que deve integrar a rotina dos empreendedores. Porém, tome cuidado para não efetuar economias burras. A economia burra é aquela que diminui os gastos da empresa, mas que reduz, também, as vendas e/ou a satisfação dos clientes. Se as ações gerarem insatisfação nos clientes ou nos colaboradores (lembre-se que equipe aborrecida é sinônimo de atendimento ruim), você não está promovendo uma economia inteligente de custos. Sei que, em alguns momentos, alguns cortes trarão impactos maiores para as pessoas envolvidas no negócio, mas isso deve ser feito pontualmente.

Se um empreendedor me perguntar se deve retirar o cafezinho que é servido diariamente aos clientes e à equipe, eu devolvo o questionamento: o quão importante esse item é para a satisfação deles? E o quanto custa para a empresa tal cortesia? Dependendo dos números e da avaliação, pode-se chegar a conclusões diferentes. O café pode ser um ótimo investimento para melhorar a experiência e, em outro contexto, pode representar um enorme desperdício.

ENVOLVIMENTO COLETIVO NA REDUÇÃO DE GASTOS: eu promovo a cultura de austeridade em todos os níveis da minha empresa, incentivando minha equipe a buscar formas de economizar, especialmente nas pequenas coisas que podem representar economias significativas para o negócio?

ANÁLISE CUIDADOSA DAS DECISÕES DE CORTE DE CUSTOS: antes de tomar decisões para cortar custos, eu analiso cuidadosamente o comportamento de consumo dos meus clientes, para entender quais ajustes posso fazer, sem prejudicar a percepção de valor do meu negócio?

INOVAÇÃO NA OFERTA DE PRODUTOS E SERVIÇOS PARA REDUÇÃO DE CUSTOS: eu me pergunto constantemente o que posso ajustar no meu negócio, que permita atender às expectativas dos clientes sem comprometer a experiência de compra e consumo, buscando inovações que reduzam gastos?

AVALIAÇÃO DAS ECONOMIAS INTELIGENTES: estou atento(a) para evitar "economias burras", que reduzem os custos da empresa, mas também diminuem as vendas ou a satisfação dos clientes, sempre buscando equilíbrio entre economia e qualidade do serviço?

CONSIDERAÇÃO DO IMPACTO DOS CORTES NOS STAKEHOLDERS: Quando considero cortes de custos, como a retirada de um serviço ou cortesia, eu reflito sobre a importância desses itens para a satisfação dos clientes e da equipe, e sobre o custo/benefício dessas ações para o negócio?

PRINCÍPIO 95: SEJA UM LÍDER INSPIRADOR

As atitudes e os valores do empreendedor direcionam as condutas e as crenças de seus colaboradores.

A equipe não fará o que o empreendedor falar para ela fazer. A equipe fará aquilo que o empreendedor fizer. O empreendedor é a maior fonte de inspiração para os colaboradores do negócio. Conheça o comportamento, as crenças e as práticas do proprietário, e você entenderá como a empresa trabalha. Pode perceber: se o dono é nervoso, desconfiado e atende mal aos clientes, certamente os colaboradores vão fazer o mesmo, por mais que se peça um excelente atendimento. Se o proprietário for calmo, generoso e cortês no atendimento, sua equipe seguirá tais atitudes, mesmo que não sejam solicitadas tais práticas.

Sabendo do poder de influência que o dono tem, molde seu negócio e sua equipe a partir de seus comportamentos diários. Use seus exemplos e suas atitudes como referência do que é certo e do que é errado. Os colaboradores copiam suas crenças e hábitos automaticamente. A cultura pode ser comunicada por palavras, mas é o exemplo que inspira a mudança de comportamento. Já ouviu aquela frase: "A palavra convence, mas o exemplo arrasta"?

Certa vez, fui conferir uma empresa de médio porte, que apresentava muitas reclamações. Os vendedores eram extremamente grosseiros e pouco pacientes com os clientes. Só entendi o motivo de tanta animosidade, quando testemunhei como os supervisores tratavam a equipe. Eles também eram estúpidos e bravos. E por que será que os supervisores agiam assim? A resposta, obviamente, estava no tipo de relação que tinham com os gerentes e diretores. Será possível mudar o atendimento da empresa, sem que a alta administração reveja o comportamento dela? Acredito que não.

Ao visitar uma loja de roupas de inverno no Chile, reparei que os colaboradores viviam se abaixando para pegar os tufos de lã, que saíam das blusas expostas nas araras e nas mesas. Eles também corriam para pegar balas e pirulitos e ofertá-los às crianças que acompanhavam os pais (a loja nem sequer vendia produtos infantis). Será alguma surpresa dizer que, mais tarde, descobri que a proprietária daquele estabelecimento tinha o hábito de recolher as sujeiras do chão, principalmente os tufos de lã, e adorava prestar um bom atendimento? Sem perceber, ela moldou sua equipe para repetir suas atitudes.

Seja uma inspiração positiva para seu time de trabalho. Faça tudo aquilo que você queira que eles façam. E não pratique o que você não quer ver repetido. Simples assim.

CONSISTÊNCIA ENTRE PALAVRAS E AÇÕES: minhas ações diárias estão bem alinhadas com tudo aquilo que eu peço e cobro da minha equipe? Eu demonstro, com o meu comportamento, os valores e práticas que desejo ver na minha empresa?

INFLUÊNCIA DO COMPORTAMENTO DO LÍDER: estou ciente do impacto do meu comportamento, crenças e atitudes sobre a cultura da empresa, e se minha equipe me vê como fonte de inspiração?

IMPACTO DO COMPORTAMENTO LIDERANÇA NO ATENDIMENTO AO CLIENTE: estou ciente de que minha atitude com os clientes serve de exemplo e afeta diretamente minha equipe?

PROMOÇÃO DE UMA CULTURA POSITIVA: eu me esforço para ser calmo, generoso e cortês, sabendo que tais atitudes podem inspirar minha equipe a adotar práticas semelhantes, mesmo sem serem explicitamente solicitadas?

RESPONSABILIDADE PELA MUDANÇA DE COMPORTAMENTO: entendo que mudar o atendimento e a cultura da empresa começa com a mudança no comportamento da alta administração e que sou um modelo para minha equipe?

PRINCÍPIO 96: PROMOVA MELHORIAS NO SEU NEGÓCIO

O empreendedor não pode se contentar apenas com o regular ou o bom. Ele precisa buscar sempre o excepcional.

Nenhum empreendedor consegue abrir já no primeiro dia empresas perfeitas. Até porque, elas estão muito longe da excelência quando estreiam. Há normalmente uma série de correções de rota a fazer, e uma infinidade de problemas a serem resolvidos no início. Porém, os empreendedores têm obrigação, sim, de promover melhorias constantes em seus negócios. Se você não estiver vendo evolução nos produtos e serviços, no atendimento, nas vendas, nos processos, na qualidade do que é ofertado, no trabalho da equipe, na redução dos custos e no desenvolvimento dos fornecedores à medida que o tempo passa, você está falhando no papel de líder organizacional.

Quando sua empresa para de progredir, pode ser que você já tenha feito diversas melhorias e você sente que ela bateu no teto, e chegou ao máximo que poderia. Esse estágio sempre ocorre mais cedo ou mais tarde. A verdade é que uma empresa pode continuar melhorando infinitamente. O fundamental é o empreendedor não permitir que a gana de melhoria da equipe termine muito cedo e/ou termine com níveis baixos de excelência. Ele precisa incentivar o time a seguir evoluindo, e encontrar novas respostas para os problemas do dia a dia. É o seu empenho pessoal e a sua crença na melhoria constante, que fará o negócio progredir diária, semanal, mensal e anualmente.

Um problema comum que vejo quando uma empresa não alcançou o nível de excelência, é o próprio nível de cobrança do empreendedor. Muitas vezes, ele se contenta com o bom ou mesmo com o regular. E o excelente? "É difícil demais para se alcançar", repete, em tom de desânimo. Agora eu pergunto: como você quer crescer no mercado, ter um negócio de destaque e conquistar muitos clientes se sua organização não for voltada para as melhores práticas, hein? Uma característica dos empreendedores (e de qualquer profissional) bem-sucedido é a vontade de melhorar constantemente. Se o líder da empresa não procurar pessoas, processos, produtos e dinâmicas de maior qualidade, o tempo inteiro, quem vai procurar? Ninguém!

Portanto, não se contente com pouco. Exija sempre o máximo e o melhor da sua empresa e do seu time. Gosto de citar o exemplo do técnico Bernardinho ao falar sobre a vontade de vencer e de melhorar, em uma palestra sua que assisti. Certa vez, quando um voo da seleção brasileira foi cancelado, ele colocou toda a equipe para treinar no estacionamento do aeroporto. Ninguém o cobrou para fazer, ele simplesmente era obcecado por ser o melhor no que fazia. Para quem busca a excelência, todo momento e todo lugar, mesmo os mais improváveis, são oportunidades para se tornar uma empresa cada vez melhor.

COMPROMISSO COM A EVOLUÇÃO CONTÍNUA: estou comprometido(a) em promover melhorias constantes em todos os aspectos do meu negócio, como produtos e serviços, atendimento, vendas, processos, qualidade do que é ofertado, trabalho da equipe, redução dos custos e desenvolvimento dos fornecedores?

PERCEPÇÃO DE PROGRESSO: eu vejo evolução no meu negócio, ao longo do tempo, ou sinto que ele atingiu um platô de desenvolvimento, acreditando erroneamente que não há mais espaço para melhorias?

INCENTIVO À EQUIPE PARA MELHORIA: estou incentivando minha equipe a não se contentar com níveis baixos de excelência, e a buscar constantemente novas soluções e melhorias para os desafios do dia a dia?

NÍVEL DE EXIGÊNCIA: eu me contento com o bom ou o regular, ou estou sempre buscando alcançar e manter padrões de excelência em todas as áreas do meu negócio?

BUSCA POR EXCELÊNCIA: como líder, demonstro meu empenho e crença na melhoria contínua, servindo de exemplo para que meu negócio e equipe evoluam constantemente?

PRINCÍPIO 97: TENHA UM OLHO NA OPERAÇÃO E OUTRO NA GESTÃO

Para conseguir crescer, o empreendedor tem que saber delegar aquilo que faz de melhor e não somente aquilo que não gosta de fazer.

Os pequenos negócios e as empresas novatas têm, tradicionalmente, estruturas mais simples, equipes enxutas e equipes gerenciais pouco parrudas (quando possuem). Não à toa, os sócios vão para a linha de frente cuidar das atividades operacionais. É comum encontrarmos empreendedores acumulando funções de venda, atendimento, compra, limpeza, treinamento dos colaboradores, produção e mais uma infinidade de tarefas. Esse contato com cada uma das áreas é muito positivo, e dá uma visão ampla das engrenagens empresariais. Porém, é importante os empreendedores não se descuidarem da gestão. Muitos mergulham no dia a dia da operação e deixam a empresa sem gestão. Se o dono não cuidar da gestão, quem cuidará?

Portanto, minha dica é que o empreendedor equilibre bem o tempo e os esforços entre a operação e a gestão. É normal que, no início, você se dedique bastante à operação. No entanto, alguém que só fique no operacional terá dificuldades em cuidar do futuro do negócio. Vale lembrar também que quem só cuida do futuro terá problemas para entender como o seu negócio está funcionando no dia a dia.

O que seria o trabalho de gestão? É resolver problemas de forma inteligente, e não simplesmente reagir a eles. É cuidar do planejamento da empresa, ver se as estratégias traçadas estão surtindo os efeitos esperados, analisar os principais indicadores do negócio, avaliar o desempenho da equipe, atestar se os preços praticados são adequados, interpretar os comentários dos clientes, verificar o nível de satisfação dos consumidores, promover melhorias nos processos, estudar as tendências de mercado, avaliar a qualidade dos produtos e serviços, desenvolver fornecedores, fazer benchmarking, encontrar maneiras de diminuir os custos, mensurar as ações de marketing e etc.

Repare que todas essas tarefas não podem ser simplesmente terceirizadas. Ele pode até contratar alguém para cuidar do atendimento, produzir o produto, fazer a limpeza das instalações, vender, entregar as mercadorias e fazer a comunicação da empresa. Mas não dá para delegar todas as obrigações gerenciais, pelo menos não enquanto o negócio depender de você. Cabe ao empreendedor fazê-las ou poderá deixar de fazer caso prepare verdadeiramente alguém melhor do que ele.

Sem planejamento, sem organização e sem foco na gestão, infelizmente o empreendedor não conseguirá atingir o desempenho e os resultados esperados.

EQUILÍBRIO ENTRE OPERACIONAL E GESTÃO: estou equilibrando adequadamente meu tempo e esforços entre as tarefas operacionais e as atividades de gestão, ou estou me dedicando excessivamente a uma em detrimento da outra?

FOCO NA GESTÃO: estou dedicando atenção suficiente à gestão do meu negócio, incluindo planejamento estratégico, análise de indicadores-chave, avaliação de equipe, e desenvolvimento de fornecedores, mesmo enquanto me envolvo em atividades operacionais?

RESOLUÇÃO INTELIGENTE DE PROBLEMAS: eu estou resolvendo problemas de forma inteligente e proativa, em vez de apenas reagir às situações conforme elas surgem, incorporando a gestão eficaz no cotidiano do meu negócio?

DELEGAÇÃO E DESENVOLVIMENTO DE EQUIPE: estou delegando efetivamente tarefas operacionais, enquanto me concentro nas responsabilidades gerenciais, que não posso, ou não devo terceirizar? Estou preparando alguém na equipe extremamente competente para assumir essas funções, se necessário?

COMPROMISSO COM O PLANEJAMENTO E ORGANIZAÇÃO: estou comprometido(a) com o planejamento e a organização contínua do meu negócio, reconhecendo que, sem foco adequado na gestão, não conseguirei alcançar o desempenho e os resultados esperados?

PRINCÍPIO 98:
CRESÇA DE MANEIRA SAUDÁVEL

A expansão muito acelerada pode trazer problemas para o negócio e colocar em risco sua sobrevivência no mercado.

Pergunte aos empreendedores o que desejam para seus negócios recém-criados. Aposto que a maioria vai falar que quer vê-los crescer. Na sequência, experimente questioná-los sobre o quanto querem expandir nos próximos dois anos. A resposta mais comum será: "Preciso crescer o mais rápido que eu puder". Você já escutou algo parecido? Pessoas que só pensam no crescimento, mas ignoram o ritmo certo de expansão do seu negócio.

Minha função aqui é mostrar que um negócio precisa ter uma evolução saudável. E o que seria uma expansão sustentável? É aquela que potencializa o negócio, sem prejudicar sua sobrevivência. Se a empresa estiver crescendo acima da sua capacidade de ter recursos para o capital de giro, de contratar e treinar novos colaboradores, de desenvolver os fornecedores, de melhorar a gestão, de desenvolver os processos e de promover melhorias nos produtos e serviços, ela terá um grande problema a curto prazo.

É famoso o caso de uma rede de franquias, que apresentou grande sucesso no primeiro ano. Suas quatro lojas iniciais foram muito bem recebidas pelos clientes, que adoraram as novidades apresentadas pela empresa. Empolgados com o êxito, os donos não pensaram duas vezes, e venderam pouco mais de meia centena de franquias da marca para pequenos empreendedores no Brasil inteiro, no começo do segundo ano. O problema é que, a companhia não estava preparada para uma expansão tão grande, em tão pouco tempo. Afinal, ela saiu de quatro lojas em uma mesma cidade e chegou a quase seis dezenas de pontos de venda, em todas as regiões do país, em poucos meses.

Qual foi o resultado? Entre os vários problemas, a franquia não teve capacidade para treinar os colaboradores dos franqueados (não tinha uma área de seleção e desenvolvimento de pessoas bem estruturada) e não conseguiu ofertar os produtos próprios para as novas lojas (o sistema de produção não estava preparado para aumentar a oferta em mais de 13 vezes). No início do terceiro ano, a marca deixou o mercado com vários processos judiciais movidos pelos franqueados, e com uma legião de clientes insatisfeitos (que não encontravam o que queriam nas lojas com prateleiras vazias).

Você quer crescer? Então encontre seu ritmo certo de crescimento. Promova uma expansão saudável, que potencialize a empresa, e não comprometa seu futuro. Pior do que não crescer, é crescer de um jeito imprudente.

CONSCIÊNCIA DO RITMO DE CRESCIMENTO: eu estou ciente do ritmo certo de expansão para o meu negócio, buscando um crescimento que não exceda a capacidade da minha empresa de sustentar essa expansão de forma saudável?

PREPARAÇÃO PARA EXPANSÃO: antes de expandir, eu avalio cuidadosamente se minha empresa possui recursos suficientes para capital de giro, capacidade de contratar e treinar novos colaboradores, desenvolver fornecedores, melhorar a gestão, aprimorar os processos e promover melhorias nos produtos e serviços?

ENTENDIMENTO DE EXPANSÃO SUSTENTÁVEL: eu entendo o que significa uma expansão sustentável, e estou tomando medidas para garantir que o crescimento do meu negócio potencialize a empresa, sem comprometer seu futuro?

AVALIAÇÃO DOS RISCOS DE CRESCIMENTO RÁPIDO: estou avaliando os riscos associados a um crescimento rápido demais, como a incapacidade de manter a qualidade do produto/serviço, problemas logísticos, ou incapacidade de manter um bom atendimento ao cliente?

PLANEJAMENTO ESTRATÉGICO PARA EXPANSÃO: eu tenho um plano estratégico para crescer de maneira prudente, que inclui metas realistas, análises de mercado, e estratégias para escalar operações, treinamento de pessoal, e manutenção da qualidade, conforme o negócio cresce?

PRINCÍPIO 99:
PADRONIZE OS PROCESSOS DO SEU NEGÓCIO

A elevação da qualidade dos produtos e serviços passa obrigatoriamente pela padronização dos processos da empresa.

É comum escutarmos que a padronização impede a inovação, mas isso não é verdade. Não é o estabelecimento de processos que impede a inovação, pelo contrário, a padronização contribui para a redução da necessidade de se ficar apagando incêndios constantemente. O que realmente atrapalha a inovação, é a mentalidade dos profissionais da empresa, que se fecham para as novas ideias. Sem pensamentos arejados e sem motivação para promover coisas diferentes, a inovação some em uma organização, com ou sem padronização.

O grande mérito da padronização é a melhoria da qualidade dos produtos e serviços e ela deixa o ambiente da empresa cada vez mais propício a inovar. É isso o que os empreendedores devem almejar, desde o momento em que as portas de suas empresas são abertas. A palavra-chave da excelência é padronização.

Imagine que seu negócio, uma pequena fábrica de artigos de papelaria, produza 100 cadernos por hora. Se não houver um padrão de trabalho rígido, cada caderno pode sair diferente do outro, dependendo dos colaboradores do turno, da matéria-prima utilizada e da maneira como as máquinas são operadas. Aí será difícil para a equipe de vendas, comercializar esses artigos. Quando há uma linha-mestre do que fazer, como fazer e quando fazer, as variáveis são reduzidas e conseguimos ver com clareza o resultado esperado daquele processo produtivo. Cada caderno, nesse caso, deverá sair exatamente igual ao outro, e dentro de um padrão de excelência.

A padronização do trabalho está intimamente ligada à melhoria do processo. O empreendedor responsável pela qualidade do produto e serviço, tem que garantir para os clientes que aquilo que for comprado, vai respeitar as exigências dele. E se os produtos não estiverem bons? Simples: eleva-se o padrão, reformula-se o processo, treina-se incansavelmente a equipe, e estabelece-se novas rotinas para o alcance do novo desempenho.

Um segmento, em que podemos ver nitidamente os benefícios da padronização, é a medicina. Há protocolos médicos para cada atividade, que foram exaustivamente testados e validados. Já imaginou se não existisse um padrão para os procedimentos cirúrgicos, onde cada médico pudesse fazer o que bem-quisesse? Agora eu pergunto: "Por que só na medicina deve ser assim? O dono de uma fábrica de pão de queijo e o proprietário de uma academia de ginástica não podem padronizar seus produtos e serviços?"

Sem padrões, o seu negócio não conseguirá atender as necessidades dos clientes ou expandir de maneira saudável.

ENTENDIMENTO DA RELAÇÃO ENTRE PADRONIZAÇÃO E INOVAÇÃO: eu compreendo que a padronização dos processos em meu negócio não é um impedimento para a inovação, mas, sim, uma ferramenta que contribui para a melhoria da qualidade dos produtos e serviços, permitindo mais espaço para inovar?

COMPROMISSO COM A QUALIDADE POR MEIO DA PADRONIZAÇÃO: estou comprometido(a) em alcançar e manter um alto padrão de qualidade em meus produtos e serviços, por meio da padronização, reconhecendo que esta é a chave para a excelência?

PADRÕES DE TRABALHO RÍGIDOS: eu implementei padrões de trabalho rígidos em meu negócio, para garantir que cada produto ou serviço oferecido seja consistente em qualidade, independentemente das variações em matérias-primas, colaboradores ou equipamentos?

MELHORIA CONTÍNUA DOS PROCESSOS: estou disposto(a) a elevar constantemente os padrões, reformular processos, treinar incansavelmente minha equipe e estabelecer novas rotinas, para alcançar desempenhos melhores e satisfazer as exigências dos meus clientes?

ADOÇÃO DE PROTOCOLOS E PADRONIZAÇÃO EM TODOS OS SEGMENTOS: eu reconheço os benefícios da padronização em diversos setores, e estou aplicando este princípio no meu próprio segmento de negócio, seja ele qual for, para garantir a entrega consistente e de qualidade dos produtos ou serviços?

PRINCÍPIO 100: INTEGRE O TRABALHO DA SUA EQUIPE

Quando as áreas da empresa não conversam entre si nem estão integradas, o maior penalizado é o cliente.

Como as áreas da sua empresa se conversam? Ou elas não dialogam umas com as outras? A integração de cada peça da engrenagem com o contexto geral do negócio, é responsabilidade do empreendedor. É o proprietário da empresa que deve garantir o fluxo de informações entre as áreas, o espírito colaborativo da equipe, a cultura do atendimento às necessidades e aos desejos dos clientes, e a busca conjunta pelos resultados organizacionais. Sem o trabalho sinérgico da equipe, os clientes não terão a melhor experiência de compra, e irão embora decepcionados.

Pense em um restaurante, em que os garçons não têm boa comunicação com os cozinheiros. Do que adianta o atendimento simpático e rápido, se os pratos chegam errados às mesas? E do que adianta o preparo caprichado da comida e a utilização de ingredientes de alta qualidade, se os atendentes não souberem explicar o cardápio? Repare que, quem sai prejudicado nos dois casos, não são os colaboradores da empresa, mas, sim, os clientes. Brigas, discussões, rivalidades e falta de comunicação dos setores de um negócio comprometem, sensivelmente, a vida dos consumidores. E essas questões são mais comuns do que você possa imaginar.

Há vários motivos para os desentendimentos entre as diferentes áreas das empresas. Porém, o que gostaria de ressaltar aqui, é que só há uma solução: a integração de todos para foco na satisfação dos clientes. Cabe ao empreendedor unir todas as partes do seu negócio. Gosto de pensar nos objetivos particulares de cada setor, como pequenas partes da satisfação dos clientes. A união desses vários pedaços do produto e serviço, é o que gera o valor final da empresa. Sem a união das partes, o que se tem é o conjunto de peças desmontadas, que não possui significado para os consumidores. Uma maneira simples de começar a promover isso no seu negócio é realizar reuniões diárias de alinhamento entre as equipes, reuniões semanais de planejamento e reuniões mensais de resultados. As equipes precisam que sejam criadas oportunidades que estejam mais próximas umas das outras.

Tenha clareza dos pontos de contato entre as áreas, e cuide para que o trabalho seja realizado com harmonia, profissionalismo e alta qualidade nas intersecções setoriais. Se preciso for, esclareça frequentemente o que é responsabilidade de cada um, invista em equipes multisetoriais, incentive a comunicação e promova o *job rotation* (quando os profissionais passam por várias áreas da empresa para ter ideia do todo). O que você não pode, como empreendedor, é permitir que as peças do negócio não interajam adequadamente entre si, de maneira que o cliente pague o preço pela sua falta de gestão.

PROMOÇÃO DA INTEGRAÇÃO ENTRE ÁREAS: eu estou garantindo, ativamente, o fluxo de informações entre as diferentes áreas da minha empresa, promovendo um espírito colaborativo entre as equipes, para atender às necessidades e desejos dos clientes?

FACILITAÇÃO DA COMUNICAÇÃO EFETIVA: estou criando e mantendo canais de comunicação eficazes, que permitem um diálogo constante entre as áreas, evitando mal-entendidos, rivalidades e a falta de comunicação, que podem prejudicar a experiência do cliente?

ORGANIZAÇÃO DE REUNIÕES: organizo reuniões regulares de alinhamento, planejamento e verificação de resultados para garantir que todos na empresa estejam "na mesma página" e trabalhem juntos em direção aos objetivos comuns?

GESTÃO DE INTERSECÇÕES SETORIAIS: tenho clareza dos pontos de contato entre as áreas da minha empresa, e estou trabalhando para assegurar que o trabalho seja realizado com harmonia e alta qualidade nessas intersecções?

INCENTIVO À VISÃO INTEGRADA E JOB ROTATION: eu incentivo a comunicação aberta, e promovo iniciativas como equipes multisetoriais e *job rotation*, para que os profissionais compreendam melhor o funcionamento integral da empresa e a importância da contribuição de cada um para a satisfação do cliente?

PRINCÍPIO 101: A BASE DE TUDO

A humildade é o que faz cada empreendedor reconhecer suas limitações, valorizar as contribuições alheias e estar aberto a aprender com os outros.

Esse princípio final permeia todas as páginas deste livro, algumas vezes explicitamente, outras de maneira subliminar. Foi por meio dele que pedi ajuda a meu pai quando montei meu primeiro negócio, que convidei executivos para serem meus sócios, que iniciei minha jornada de leitura e estudos em algumas das melhores escolas de negócios do mundo. É ele que me impulsiona a abrir novos negócios e a fazer cada vez mais perguntas quando não tenho as respostas.

Esse princípio é a humildade. Ela nada mais é do que a capacidade de reconhecer e aceitar suas próprias limitações, valorizar as contribuições dos outros e manter-se aberto ao aprendizado e ao crescimento pessoal em diversas áreas da vida.

Não há nada mais poderoso na formação de um empreendedor do que a humildade. Lembro-me da adolescência, quando queria provar aos meus amigos que era melhor do que eles, perdendo assim a chance de aprender com aqueles que eram superiores em algo. Recordo-me de querer mostrar ao meu pai que dominava tudo, perdendo a oportunidade de adquirir aprendizado com alguém que começou do zero. Todas as vezes em que ocultei minhas falhas, falhei em melhorar. Tudo mudou quando passei a acreditar que a diferença entre as pessoas bem-sucedidas era que elas possuíam conhecimentos e experiências que eu ainda não tinha. A única maneira de alcançar o nível delas era reconhecendo o que eu não sabia e precisava desenvolver.

Tornei-me obcecado em descobrir mais sobre mim mesmo. Quais são minhas limitações? No que sou bom? No que não sou? Com o tempo, percebi que o autoconhecimento é uma habilidade fundamental que um líder precisa desenvolver. Descobri o potencial de um líder-servidor e entendi que quanto mais eu praticava, mais me aprimorava. A humildade me permitiu receber feedbacks, aprender com eles e ver meus erros como oportunidades de crescimento contínuo. Não teria alcançado o que alcancei sem abraçar totalmente a humildade como a principal ferramenta para buscar conhecimento e me tornar um empreendedor cada vez melhor.

A humildade é a base de todos os princípios que utilizo ao empreender. Foi ela que me impulsionou a explorar cada um deles e entender por que alguns negócios decolam enquanto outros não. Se você deseja aumentar as chances de sucesso de seus negócios, continue aprendendo com empreendedores mais experientes, com os erros que cometeu e com as falhas dos outros. A busca incessante pelo conhecimento, sua aplicação prática e a determinação para nunca desistir são os pilares para você ter chances ainda maiores de seu negócio dar certo.

RECONHECIMENTO DAS LIMITAÇÕES: estou sinceramente disposto a reconhecer minhas limitações e buscar ajuda quando necessário, ou permito que meu orgulho impeça meu crescimento?

ABERTURA AO APRENDIZADO: com que frequência procuro ativamente aprender com outros empreendedores, especialmente aqueles que possuem mais conhecimento ou experiência do que eu?

RECEPTIVIDADE AO FEEDBACK: aceito feedback de maneira construtiva e utilizo essas críticas para impulsionar meu desenvolvimento pessoal e profissional, ou resisto e me defendo contra críticas?

ADAPTAÇÃO E CRESCIMENTO PESSOAL: como respondo aos erros que cometo? Transformo-os em valiosas lições de aprendizado e ajusto minhas estratégias, ou recuso-me a reconhecer meus fracassos?

VALORIZAÇÃO DA CONTRIBUIÇÃO DOS OUTROS: faço um esforço consciente para reconhecer e valorizar as contribuições, competências e esforços dos outros em meus ambientes de trabalho e em minhas relações pessoais?

AGRADECIMENTOS

Gostaria de expressar minha profunda gratidão a todos que me apoiaram ao longo da jornada de escrita deste livro.

Um agradecimento especial para minha família, irmãos e amigos. Em particular, minha avó Léa, cujos livros, poemas e histórias despertaram em mim a paixão pela escrita.

Aos meus mentores, João Cordeiro e Sérgio Ferreira, pela sabedoria compartilhada e pelas perguntas que me levaram a tomar decisões mais assertivas.

Aos autores de livros cujas palavras e ensinamentos contribuíram para o empreendedor que sou hoje: Verne Harnish, Gino Wickman, Adam Coffey, David M. Rubenstein, Howard Marks, Gary Keller, Harv Eker, James Clear, David Wessels, Tim Koller, Marc Goedhart, William Thorndike, Dale Carnegie, Jim Collins, Daniel Kahneman, Ben Horowitz, Greg McKeown, Peter Diamandis, Napoleon Hill, Ram Charan, Timothy Ferriss, Gary Chapman, Simon Sinek, Hal Elrod, Adam Grant, Benjamin Graham, Eric Ries, Ray Dalio, William Ury, Salim Ismail, John P. Kotter, Robert Kiyosaki, João Kepler, Vicente Falconi, Tiago Brunet, José Dornelas, Abilio Diniz, Luis Augusto Lobão e Paulo Vieira.

Aos escritores cristãos cujas palavras me fizeram conectar profundamente a Deus: Tony Evans, John Bevere, C.S. Lewis e Rick Warren.

Aos professores do MIT: Bill Aulet, Paul Cheek. Aos de Harvard: Lynda Applegate, Boris Groysberg, Deepak Malhotra, Das Narayandas, Raffaella Sadun e Ananth Raman.

Agradeço a André Duek por aceitar escrever o prefácio deste livro, enriquecendo-o com suas palavras e servindo como um modelo inspirador de empreendedor internacional, provando que não há fronteiras para quem deseja empreender.

Agradeço ainda àqueles que caminham junto comigo na minha jornada empreendedora: Fabiana Vieira, Maria Cecília Casanova, Humberto Kennedy, Edson Soares Silva, Paulo Caldas, Bruno Cyreno, Flávia Pádua e Júnior Malveira. Também o meu obrigado a Alfredo Júnior, Guilherme Cavalcanti, Tiago Maranhão, Luiz Silva, Carlos Rebelatto e Felipe Rebelatto, que me convidaram a contribuir para seus negócios.

Minha gratidão se estende a Tiago Pessoa de Mello, Leonardo Cerquinho, Guilherme Luck, Peterson Miranda, André Portela e Thiago Pflueger, amigos queridos que me incentivaram a superar meus limites.

Por fim, minha equipe editorial, liderada por Eduardo Villela, cuja dedicação foi fundamental para transformar este sonho em realidade. Também a Marcelo da Paz por dar vida à capa, aos personagens e cuidar do design do livro.

A todos vocês, meu mais sincero obrigado.

CONHEÇA OUTROS LIVROS DA EV PUBLICAÇÕES

Este livro, escrito por Fábio Câmara, fundador e CEO do Grupo FCamara, é destinado a empreendedores, executivos, líderes, gestores e profissionais em desenvolvimento de carreira. Funcionando como uma mentoria, aborda temas essenciais para o sucesso empresarial, como reconhecer as diferentes fases de um negócio e ajustar as atitudes do líder e da equipe para promover o crescimento. Também trata de como escolher as pessoas certas, desenvolver um mindset de boa liderança, ser um profissional autônomo, lidar com a saída de sócios e a importância do lifelong learning. Ao mudar sua forma de pensar e agir, você transformará sua vida profissional e a empresa em que atua.

Este livro trata das 100-baggers, as ações de empresas extraordinárias que retornam R$100 para cada R$1 investido. Chris Mayer ensina como identificá-las, mostrando padrões claros das 100-baggers do passado. Em Multiplique seu dinheiro por 100 vezes, você aprenderá as principais características dessas ações, como qualquer pessoa pode encontrá-las sabendo o básico de finanças e as técnicas práticas para ótimos resultados em seus investimentos. Repleto de exemplos reais, a obra ajuda a encontrar grandes vencedoras e a evitar ações de empresas perdedoras e estagnadas. Após a leitura, você terá uma nova perspectiva sobre investimentos em ações.

A questão de por que tantas empresas não duram além da segunda ou terceira geração é desafiadora. Muitos empresários, se soubessem a resposta, tomariam medidas para preservar seu patrimônio. Família e empresa formam um sistema integrado, onde mudanças em um lado afetam o outro. Frequentemente, a atenção do empresário se concentra no planejamento da empresa, enquanto o planejamento familiar é negligenciado, causando problemas que afetam o bem-estar dos membros e o negócio. Assim, muitas famílias carecem de apoio para se organizarem como uma equipe, se comunicarem bem e compartilharem uma visão de futuro. Conciliar diferenças em expectativas e necessidades é desafiador. O livro, através de histórias fictícias baseadas em situações reais vividas pelo autor como conselheiro de famílias empresárias, propõe reflexões sobre Governança Familiar, oferecendo pistas e estimulando ações para alinhar visões, objetivos e planos de vida. Ele destaca que cuidar das relações e do planejamento familiar é tão importante quanto a atenção à empresa.

PUBLICAÇÕES